Antonio Mira de Amescua

No hay burlas con las mujeres

Edición de Vern Williamsen

Barcelona **2024**
Linkgua-ediciones.com

Créditos

Título original: No hay burlas con las mujeres.

© 2024, Red ediciones S.L.

e-mail: info@linkgua.com

Diseño de cubierta: Michel Mallard.

ISBN tapa dura: 978-84-9953-546-3.
ISBN rústica: 978-84-96428-88-1.
ISBN ebook: 978-84-9897-588-8.

Sumario

Brevísima presentación

La vida

Antonio Mira de Amescua (Guadix, Granada, c. 1574-1644). España.
De familia noble, estudió teología en Guadix y Granada, mezclando su sacerdocio con su dedicación a la literatura. Estuvo en Nápoles al servicio del conde de Lemos y luego vivió en Madrid, donde participó en justas poéticas y fiestas cortesanas.

Personajes

Don Jacinto, galán
Don Diego, galán
Don Lope, galán
Don García, galán
Arminda, dama
Laura, dama
Lucía, criada
Don Pedro, viejo
Moscón, lacayo gracioso

Jornada primera

(Salen don Lope y don Jacinto.)

Lope   Ni a mi amor ni a mi lealtad
debes tan cauto retiro,
cuando en tu semblante miro
indicios de novedad;
   que no es amigo perfeto
quien de su amigo recela
con ardid y con cautela
el alma de algún secreto.
   Esta tristeza me admira,
pues si a la pena te dejas
los labios callan las quejas
y el corazón las suspira.
   ¿Tienes amor?

Jacinto   No es amor
esta congoja que siento.

Lope   Pues, ¿qué tienes?

Jacinto   Un tormento
que me toca en el honor.
   Por eso, de mi cuidado
no te doy parte; que ha sido
malo para referido
y bueno para callado.
   Y tanto más el pesar,
y la congoja, atormenta,
cuanto es forzoso que sienta
sin poderse declarar;
   que en alma de dolor llena,

por más que su mal se aumente,
no es pena la que se siente,
la que no se dice es pena.

Lope

No sé que de tanto amor
como profesamos crea
que haya recato, aunque sea
en las materias de honor.

Pues, si un alma habemos sido,
en un alma es vano intento,
dejándola el sentimiento,
querer quitarla el sentido.

Hoy, si bien se considera,
me parece más suave
una pena que se sabe
que una pena que se espera,

porque viene a padecer,
quien su mal ha conocido,
la pena sola que ha sido
y no cuantas pueden ser.

Y así juzgo más agravio,
y más causa a mis enojos,
que lo que dicen tus ojos
me esté negando tu labio.

Jacinto

Tanto, don Lope, me aprieta
tu razón y tu amistad
que fiaré de tu lealtad
toda mi pena secreta.

Ya sabes, don Lope, amigo,
que de Madrid partí a Flandes
trocando ocios de la corte
por estruendos militares.
Llegué contento a Bruselas,

besé la mano al Infante
—bizarra envidia de Adonis,
fuerte emulación de Marte—
que correrán sus hazañas
escritas por las edades
con las plumas de la Fama
en limpio bronce y diamante,
sin que borran las memorias
de sus hechos inmortales
la envidia para ofenderle
ni el tiempo para olvidarle.
Señalóme en la campaña
los gloriosos estandartes
en que militamos juntos
los dos, y en que profesaste
conmigo tanta amistad
que eran las dos voluntades
un solo gusto, una vida,
un aliento y una sangre;
porque un alma nos regía
dividida en dos mitades,
y nos juntaba una estrella
con unión inseparable.
Allí vivimos tres años
tan sin conocer pesares
entre las balas y picas,
entre las trompas y el parche,
que solo era nuestra guerra
el descanso de las paces,
y nuestro divertimiento
los ejercicios marciales,
cuando me vinieron nuevas
de la muerte de mi padre
y fue forzoso que a España

me partiese y te dejase
para acudir brevemente
a negocios importantes
de mi herencia y dar estado
a Arminda mi hermana, al áspid,
a la muerte que me ahoga
y el veneno que me trae
sin vida; que es gran desdicha
que a un bien nacido no baste
guardar el honor en sí,
siendo malo de guardarse,
sino que leyes injustas
le obliguen a conservarle
en una hermosura libre,
en un depósito frágil,
en una hermana, cristal
que se empaña al primer aire.
Llegué a Madrid. Recibióme
con apacible semblante
mezclando risas y llanto,
alegrías y pesares
de mi gustosa venida
y memorias de su padre;
que aun en los más duros pechos
es forzoso, al acordarse
sentimientos que se fundan
en causas tan naturales,
humedecerse los ojos
y el corazón ablandarse.
Vivíamos de esta suerte
no hermanos ya sino amantes;
que crece mucho el amor
con el lazo de la sangre,
cuando en la serenidad

se levantan huracanes
de recelos a mi honor,
borrascas que me combaten,
peligros que me amenazan
con furiosas tempestades,
que en los golfos de la honra
zozobra toda la nave.

Lope (Aparte.)   (¡Cielos! ¿Qué es esto? ¿Si acaso
don Jacinto entiende o sabe
que a Arminda, su hermana, adoro,
y que con su fuego arde
en gustoso sacrificio
sobre sus limpios altares
mi corazón amoroso,
mi pecho siempre constante?)

Jacinto   En sus dos ojos leía
alguna viveza fácil,
algún cuidado que nunca
sabe bien disimularse,
sin que el recelo y cautela
pudiese bien informarme
de esta llama que sentía,
de este incendio tan cobarde
que por más que le malicio
pude menos apurarle.
Hasta que advirtiendo atento
con más cuidadoso examen
he visto que don García...

(Aparte.)   (No sé cómo declararme
sin que las voces del labio
el rostro en colores pague...)

13

Lope	¿Qué dices?
Jacinto	Que don García de Meneses por la calle alrededor de mi casa y aun en mis propios umbrales, como loca mariposa la llama ronda agradable, la luz festeja apacible, la antorcha mira suave, dando tornos al peligro en que llegará a quemarse, si mis recelos apuro y si a luz mi verdad sale; porque a uno y otro alevoso, a uno y otro loco amante, seré rayo que consuma, seré veneno que acabe, seré relámpago ardiente, seré furia, seré áspid, seré flecha que derribe, y seré incendio que abrase. Quédate con Dios, don Lope, que yo quiero, vigilante, en la fuerza de mi honor asistir atento alcaide.

(Vase don Jacinto.)

Lope	¿Qué es esto que escuché? ¡Cielos! ¿Son sueños o son verdades, son engaños del sentido o son desengaños? Males, ¿Para qué venís tan juntos

si no pretendéis matarme,
si no queréis consumirme
con tan rigurosos lances?
¿Arminda ingrata me ofende?
¿Y don García es su amante?
Su hermano mismo lo dice;
yo lo escucho, y él lo sabe.
¿A dos engañas a un tiempo
¡Oh, mal hayan las beldades
que buscan a su belleza
un apoyo en cada amante!
¡Y mal haya la hermosura
que nació para ser fácil!
¡Mal haya quien su amor pone
en bellezas tan mudables;
que más que el fuego ligeras,
que más que el aire inconstantes,
que más que el agua engañosas
vencen agua, fuego y aire!
¿Estas son tantas caricias?
¿Estos son tan agradables
favores como me dijo
aquel basilisco ángel?
¿Estos seis meses de amor
en que escuché voces tales,
promesas de fe tan pura,
ternuras de amor tan grandes,
mentiras tan aparentes,
tan gustosas falsedades,
que a pesar de mis desvelos
pudieron asegurarme?
Pero yo haré, bella ingrata,
que tantas ofensas pagues,
que tantos engaños sientas,

que tus mentiras se aclaren,
que tus memorias se borren,
que se admiren mis verdades,
que se sosieguen mis penas,
si es que pueden sosegarse.
Y sepa el mundo que he sido
el más desdichado amante
que en las memorias del tiempo
han escrito sus anales,
para que los hombres todos
en mi amor se desengañen
que no hay fe correspondida,
y que no hay lealtad constante.

(Vase. Salen Arminda, dama, con un papel en la mano y Lucía, criada.)

Arminda   ¿Qué intenta don García
con tan loca porfía,
pues los atrevimientos
desbaratan y no ayudan sus intentos?
Que pensar ser amado
a pura diligencia del cuidado,
si la estrella no inclina,
es violentar la parte más divina
que en nuestros pechos generosos mora.
Si a don Lope gallardo mi alma adora,
si un alma a los dos rige, y un aliento,
si somos una vida, un sentimiento,
¿cómo quiere atrevido
dejar vida faltándole el sentido?
¿Y cómo sus razones
podrán dejar un alma sin acciones?

Lucía   Señora, no te ofende

quien su amor puro descubrir pretende;
que cuando no se mire bien querido,
es halago a la pena ser oído,
y ninguno en sus males se condena
a negarse el alivio de su pena;
pues cuando sus intentos no adelante,
se alienta con que sepan que es amante.

Arminda   Antes de tus razones bien infiero
que no es amante fino y verdadero
el que por el alivio que desea
pone a riesgo el honor que galantea;
pues de su mismo estilo cierto arguyo
que atropella mi gusto por el suyo
y viene a ser delito
venderme por fineza su apetito.
Este papel arrojo, que excusado,
estuviera el ser necio y porfiado.

(Arroja el papel sobre un bufete.)

Don Lope es mi amor todo
y llégole a querer yo de tal modo
que si mayores prendas encontrara,
que no las puede haber es cosa clara.
Solo por estimar su amor constante
las burlara más firme que el diamante,
y con lealtad no poca
venciera las durezas de la roca.

Lucía   ¿Tanto le amas, señora?

Arminda   Lucía, de tal como me enamora
su trato, sus respetos y su agrado,

que solo vivo de lo que le he amado,
y esto de tal manera
que, a no amarle tan fina, me muriera;
pues si es verdad sabida
que el amor es el alma de la vida,
tengo por cosa clara
que a no amarle la vida me faltara
y para más tormento,
solo quedara vida al sentimiento.

Lucía   Bien lo has encarecido.

Arminda   Pues, aún no mide el labio lo sentido;
que en mi amor fuera mengua
caber en los espacios de la lengua.
Y así a decirlo todo no se atreve,
que es para tanto amor cárcel muy breve.

Lucía   ¡Tu hermano viene! Ese papel recoge.

Arminda   ¡Ay, Dios, si podré ya!

Lucía   Él te le coge,
con que somos perdidas.

(Va a coger el papel del bufete y entra don Jacinto.)

Jacinto   ¡Qué turbadas están y qué rendidas
a nuevos sustos! ¡Oh, rigor tirano!
Dime, Arminda, ¿qué tienes en la mano?

Arminda   Hermano, don Jacinto, señor... era...

Jacinto   Acaba de decirlo.

Lucía (Aparte.) (¿Qué quimera
podrá inventar que no se aclara luego?)

Jacinto Enseña este papel.

(Quítaselo de la mano.)

Arminda Oye, te ruego.

Jacinto Dámele o, ¡vive el cielo!...

Arminda (Aparte.) (El corazón se me ha trocado en hielo;
que a la desdicha mía
hubo de dar principio don García.)

Jacinto ¿Tú papeles? Infame, ¿Tú papeles
que son testigos fieles
de mi deshonra y de mi pena? Ingrata,
tú borras cuanto honor en blanca plata,
cuanto en cristal nevado
tienes de tus mayores heredado.
¡Vive Dios, inhumana, mi homicida,
que has de pagar la culpa con la vida!

Arminda Ya no es tiempo, don Jacinto,
que al escuchar mi deshonra
venza el ardor que me alienta
el silencio que me ahoga.
Ya no es tiempo de excusar
la defensa que es tan propia
por no ocasionar en ti
la pena que es tan forzosa.
Corrida estoy que presumas

que se olvida mi memoria
de tantos nobles respetos,
de acciones tan decorosas,
de tanta sangre heredada,
de nobleza tan notoria
como en Peraltas y Silvas
es bien que se reconozca.
Murió tu padre y el mío
y quedando yo tan sola
en una edad floreciente,
que en la ocasión más forzosa,
el desmán menos atento,
fui bronce, fui dura roca,
fui peñasco y fui diamante
a toda amante lisonja,
corriendo tan sin ofensa
por la fama escrupulosa
que no advirtió en mi pureza
la menos culpable nota.
Viniste de Flandes tú,
y rendida a tu custodia,
en tu semblante miraba
de mis acciones las copias.
No amé lo que tú no amabas.
Adoraba lo que adoras.

(Aparte.) (Bien dije, pues que don Lope,
su amigo, es toda mi gloria.)
Nunca oíste de mis labios,
nunca escuchaste en mi boca
razón que no descubriese
indiscutible concordia,
ademán que desdijese
de mi sangre generosa
ni acción que no se rindiese

a tus obediencias prontas
hasta que de don García
la dulce pasión zozobra
la necia serenidad
que nuestros afectos logran.
Vióme y amóme tan fino
que con apariencias locas,
cuando más pierde mi agrado,
piensa que más le soborna.
Advertíle que templase
de su incendio las congojas
porque no fuesen ofensas
las que juzgaba lisonjas,
pues él se cansaba en vano
y yo advertida a mi honra
burlaría sus ardides
con una constancia heroica.
Las astucias que ha intentado
no las repetiré agora;
basta que en ese papel,
leyéndole, las conozcas.
Pues, se remitió este pliego
como que de Zaragoza
le enviaba nuestro primo
por orden de otra persona.
Y como ya cada día
para celebrar sus bodas
a don Diego y doña Laura
los esperamos por horas,
me persuadí era verdad,
siendo malicia engañosa
hasta que viendo la firma
reconocí la ponzoña.
Y por no darte pesar

le fui a esconder; que no todas
las ocasiones es bien
que las sepa quien las nota.
Si el ser amada es delito,
siendo inevitable cosa,
y si el galantear la abeja
la majestad de las rosas,
susurrando diligente
su desvanecida pompa
y festejando su aseo
grano a grano y hoja a hoja,
es ofensa a su pureza,
esa espada cortadora,
ese acero de dos filos
o este puñal duro, toma
y atravesando mi pecho
rasga, hiere, rompe, corte
mi corazón atrevido,
bañándose en sangre roja
para que pague culpada
vileza tan alevosa,
delito tan indecente,
desenvoltura tan rota,
agravio tan mal nacido,
culpa tan ignominiosa;
que estimo más que la vida
los decoros de la honra.

Jacinto   Ni a tus razones me rindo,
ni a tu voz artificiosa,
hasta que de tantas dudas
el nudo difícil rompa.
Yo apuraré la verdad
esta noche, y en ti propia

o sentirás el castigo
o lograrás la victoria;
que ningún amante sigue
una pasión amorosa
si le burlan con desprecios
el golpe de sus lisonjas.
Y, ¡vive el cielo!, si hallo
en tu honor la menor nota,
en tu opinión leve mancha
con que mi sangre desdoras
que has de pagar con la sangre
que te dio vida alevosa,
atrevimiento tan fácil
y facilidad tan loca.

(Vase don Jacinto.)

Arminda   Lucía, esto es hecho.
Mi desdicha me tiene helado el pecho,
desmayado el aliento,
muerta la vida y vivo el sentimiento.
No hay qué esperar, Lucía.
Mi hermano va a saber de don García
con alguna violencia
la mentira o verdad de mi inocencia.
Y en negocio que está tan peligroso,
el seguir lo seguro es lo forzoso
porque puede, irritado,
mentir algún favor que no ha logrado.

Lucía   Pues, ¿qué quieres mandarme?

Arminda   Un papel a don Lope has de llevarme,
que me importa la vida.

Lucía	Siempre de mí serás obedecida.
Arminda	Él es noble y me adora.
Lucía	Pues, ¿qué intentas, señora?
Arminda	El tiempo solo te diría el efeto; que por agora impórtame el secreto.
Lucía	Pues, no nos detengamos; que perdemos el tiempo.
Arminda	Lucía, vamos; que en ocasión que es ya tan importuna conviene echar el pecho a la fortuna.

(Vanse. Salen don Lope, de camino, y Moscón, lacayo.)

Lope	¿Están los cofres liados y todo dispuesto?
Moscón	Sí, señor.
Lope	Pues [ya], Moscón, di que los lleven los criados al arriero al momento; que importa la diligencia.
Moscón	Señor, ¿quién tendrá paciencia para no contarte un cuento? Hubo un cura en un lugar y cuando estaba en la cama,

porque no le viese el ama,
procurábase cerrar.
 El ama, que era despierta
y de humor particular
para poder acechar,
hizo un barreno en la puerta;
 y viéndole que elegante
unos versos escribía
y las uñas se mordía
por hallar un consonante
 sin descubrirle a reloj,
la horma de su zapato
dio una voz muy sin recato,
diciéndole boj y ioj!
 Consulta al ama, que puedes
según el lance que vi
valerte mejor de mí
que dar por esas paredes.
 Si reventándote veo,
y callando la ocasión,
aplica el cuento.

Lope   Moscón,
tu astuto consejo creo.
 Pero no puedo decir
mi pena, que es de tal suerte
que o me acabará la muerte
o de aquí me he de partir.
 ¡No más, Madrid, no más, fiero
golfo de engaños incierto,
vil laberinto encubierto!
A mi patria volver quiero
 para poder descansar
de tan indigno cuidado.

Moscón	Señor, ¿sabes qué he pensado?
Lope	¿Qué?
Moscón	Que te vas a casar.

        Porque tan apresurada
partida con tan secretas
prevenciones de maletas
y cuentas con la posada,
    tal suspirar y sentir,
tal suspenderte y temer
quien se casa lo ha de hacer,
pues ve que se va a morir.
    Porque una mujer celosa
con una cara de arpía,
una suegra y una tía,
una cuñada envidiosa,
    cuando riñen un «¡Mal haya
el que con él me juntó!»,
capote si se enojó,
el hacer que se desmaya,
    el no quererse acostar,
perpetua ceño y disgusto,
al marido más robusto
es fuerza que ha de matar.
    Y según lo que yo siento,
si es que tengo de decillo,
más tomara un tabardillo
que admitiera un casamiento.
    Vete, señor, que yo quiero
con don Jacinto quedar
antes que ir allá a llorar
hecho tu sepulturero.

               Pero aquí viene Lucía
               que es mi gusto y es mi amor.

(Sale Lucía con manto y un papel.)

Lucía   Arminda hermosa, señor,
               con este papel me envía
                  para que luego al momento
               le respondas, porque importa.

Lope   Enseña.

Moscón   La nema corta
               con grande divertimiento.

(Hablan a un lado del tablado Moscón y Lucía. Apártase al otro don Lope y
lee el papel.)

Lope   «Señor y dueño mío: Don
               Jacinto. mi hermano, no sin duda ha sospechado
               nuestro amor; porque anda de manera grosero
               conmigo y consigo despechado, que temo alguna
               violencia. Y así para asegurar mi vida y
               vuestros intentos del casamiento, importa
               que esta noche a las nueve partamos a Segovia,
               vuestra patria; que allá lo dispondremos
               todo. Yo llevaré mis joyas y os
               guardaré en la Casa del Campo.
                    Vuestra esposa, Arminda.»

(Aparte.)   (Notable desembarazo,
               pero ocasión venturosa
               para una venganza airosa.)

Lucía	¿Qué dices?
Lope	Que es corto el plazo, pero que sin falta haré cuanto me manda.
Lucía	Pues voy. Adiós.

(Vase Lucía.)

Lope	Mis agravios hoy, y su engaño vengaré. Ven, Moscón.
Moscón	Mi amo contrito, Lucía tan presurosa, él suspenso, ella fogosa, jornada con papelito... Algún gran daño imagino, sin duda, que hay cosa nueva. No iré a Segovia aunque llueva Dios sobre mí paño fino.

(Vanse. Salen don Diego, don Pedro y Laura, dama, todos de camino.)

Diego	Éste es el sitio ameno de tanta fama como pompa lleno, que esta verde espesura esperanzas promete a mi ventura, si es que verde esperanza no encuentra el desengaño en la mudanza; que el primer aire helado desnuda de su pompa el verde prado,

y con breves congojas
burla el copete rizo de sus hojas.
Estos coposos álamos, señora,
que a recibir las luces del aurora
parece que se empinan,
cuando sus lentos pasos adivinan;
jaulas son verdes de canoras aves,
en que cantan suaves
con acorde armonía
desde que nace hasta que muere el día.
Y esta fuente sonora
en perlas paga perlas del aurora.
Esto, que a breve espacio reducido
cifra del campo todo lo florido,
y es del galán abril pompa templada,
la venta es de Viveros celebrada,
que en olmos, flores, yerbas, aves, fuentes
os ofrece a los ojos sus ardientes
lisonjas amorosas,
cuando en vuestras mejillas halla rosas,
y en vuestro bello labio
de los claveles un hermoso agravio,
cuando en la frente y manos ve nevadas
jazmines y azucenas tan mezcladas
que entre el desvelo no distingue apenas
cual es jazmín y cual es azucenas.
Descansad aquí un poco si cansada
venís o disgustada
de algún cuidado.

Laura   No hay divertimiento
a tan largo camino.

(Aparte.)   (Y al tormento
de una pena que ocupa el alma toda

con las memorias solas de una boda.)

Pedro   ¿Qué tienes, Laura? Di, que tal tristeza,
tal suspensión sin alma, sin viveza,
al mirar, al sentir, en las razones
tan muertas las acciones
el color tan mudado,
arguya en tu semblante algún cuidado
y yo no le adivino.

Laura   Es, señor, el cansancio del camino.

Diego   Ea, que breve es ya nuestra jornada,
y en Madrid de mis primos hospedada,
regalada y servida,
cobrarás el aliento y yo la vida.

Laura   ¡Ay, Dios!

Pedro   Laura, ¿suspiras?

Diego (Aparte.)   (El pecho se me abrasa.)

Pedro (Aparte.)   (Yo ardo en iras.)
¿Qué sientes? Que imagino...

Laura   Señor, es el cansancio del camino.

Pedro (Aparte.)   (Disimular me importa.)

Diego (Aparte.)   (Yo recelo
que vive Laura con algún desvelo
porque cuantos indicios ha mostrado
son argumentos claros del cuidado

que ocupa su sentido.)

Pedro   ¿Ha el criado partido
            a avisar a tus primos que llegamos?

Diego   Ya les avisó que esta noche vamos,
            porque estén prevenidos.

Laura (Aparte.)   (¡Que así robe un cuidado los sentidos
            y que dos veces solas que tapada
            hablé a aquel hombre, yendo a su posada
            sin decirme su nombre ni quién era,
            me pueda atormentar de esta manera!
            ¡Oh, influjo celestial de amor aleve
            que puedes tanto en término tan breve!
            No puedo yo negar, yo no lo niego,
            que es muy galán don Diego,
            que me agasaja y que me obliga amante,
            que es discreto y galante,
            pero mi estrella, que es porción divina,
            a lo que vi una vez siempre me inclina,
            y por más que me obliga y que me ruega,
            a sus finezas y a su amor me niega.)

Pedro   Vamos, que se hace tarde.

Laura   Vamos, señor.

Diego (Aparte.)   (El pecho todo me arde
            con tan nuevo recelo,
            que ver a Laura en suspensión de hielo,
            suspirar siempre, siempre divertida,
            melancólica, triste y afligida,
            el semblante lloroso,

me trae de Zaragoza cuidadoso;
y aunque la adoro tanto, aunque la quiero,
velar sobre el honor es lo primero.)

Pedro   Vamos, señor don Diego.

Diego   Vamos, que el corazón se abrasa en fuego.

(Vanse. Salen don Lope, de camino, Arminda, de color, con manto y un cofre-cillo con joyas.)

Arminda   Gracias a Dios, mi don Lope,
que llegaste; que el temor
me tenía tan mortal,
tan turbada el corazón,
tan desvelado el discurso
y tan suspensa la voz
que cada sombra era un susto,
cada ruido una aflicción,
cada inquietud de esas ramas,
que al aparato del Sol,
siendo defensa del Prado,
con frondoso pabellón,
era un ahogo a mi pecho,
una congoja, un dolor
que acusaba en mi pureza
tan nueva resolución.
Toma estas joyas y estima
la fineza de mi amor
más leal, más generosa
que de mi pecho crió,
que presumió de mí misma
la misma imaginación;
pues atropello constante

en los fueros del honor
las apariencias por ti,
pero las verdades no;
que no me estimara tuya
faltando a mi obligación.
De esposo, señor, me diste
la palabra, y quiero hoy
guardar para ti la vida,
pues desde aquí tuya soy.
Vamos a tu patria ya, antes
que de mi hermano el rigor
nuestros intentos estorbe,
y estorbe nuestra afición.
¿Qué te detienes, mi bien?
¿Qué te suspendes, señor?
Que de tu mudo silencio
triste y admirada estoy.

Lope   Ingrata y cruel Arminda,
esta muda suspensión,
este debido silencio,
este advertido furor,
tus engaños, tus mentiras,
tu cautela ocasionó,
para hallar en tu venganza
lo que mi pena no halló.
Ya vivo desengañado
de que es el más fino amor
en la injuria de los tiempos
como la nube que al Sol,
a quien debió generoso
levantarla de vapor,
hasta formar en el aire
una bellísima unión,

un cuerpo tan transparente,
que con hermoso arrebol,
luz a luz y rayo a rayo,
su pompa vana doró;
y después ingratamente
estorba su resplandor
hasta sus luces, e intenta
hacer vana oposición
al planeta que en los cielos
es el antorcha mayor,
a quien la nieve y el oro
de su aparato debió.
Así lisonjas, halagos,
fe, diligencias, amor,
ansias y finezas mías
tu injusto trato burló.
De Flandes vine a Madrid.
¡Oh, nunca, pluguiera a Dios,
hubiera visto sus calles,
hubiera mirado yo
en tu belleza, en tus ojos,
en tu engañoso favor,
hechizo tan apacible,
veneno de tal sazón
que apeteciéndole el alma
toda el alma me robó,
entrando por los sentidos
a asaltarme el corazón!
Por ti me quedé en Madrid
y por ti se me olvidó
de mi patria y de mis padres
aquel natural amor.
Obligóte mi fineza
y vivíamos los dos

como la concha y la perla,
como en el ramo la flor,
como el diamante y el oro
en inseparable unión,
como supiste mil veces
del alma que te adoró.
En este engaño vivía
cuando me desengañó
tu mismo hermano que amabas
—aún no, no acierta el dolor
a declarar de confuso
que penas del corazón
mejor las dice el silencio
que las pronuncia la voz—
que amabas a don García
de Meneses, que burló
tantas esperanzas mías
su dichosa posesión.
Hoy te ha cogido un papel,
y un papel me escribes hoy
en que dices que por mí
sufres el necio rigor
de tu hermano; que te saque
de tan injusta opresión,
porque temes que tu vida
peligre en su falso error.

(Sale don García, de noche.)

García (Aparte.)   (Éste es el sitio apacible
que a su duelo señaló
don Jacinto de Peralta,
receloso de su honor.
Ésta es la Casa del Campo

donde me desafió
por su papel, y así quiero
darle aquí satisfacción
o vencer su atrevimiento.)

Arminda   ¿Por qué, infeliz, sucedió
tanto tropel de pesares,
tan inhumano dolor?
¡Cielos, amparad mis penas!

Lope   Sin duda el papel erró
la criada y don García
imaginó que era yo.

García (Aparte.)   (Hacia aquel lado he oído
una voz que me nombró.
quiero ver si es don Jacinto...
mas parece que son dos.)

Lope   Ve, ingrata, a que tus caricias
le lisonjeen, tu amor
le engañe y tu fe le ofenda,
como también me ofendió;
que desengañado, tarde
la vuelta a mi patria doy;
y quítateme delante
que temo, ¡sí, vive Dios!,
que turbe la bizarría
lo enconado del dolor,
y atravesarte este pecho
que alevoso se atrevió
a mi verdad, a mi fe,
a mi constancia, a mi amor,
a mi lealtad, a mi vida,

36

a mi tan ciega pasión.
Quédate, ingrata, que en ese
bruto prevenido voy
a dar vida en desengaños
al que de engaños murió.
Y sea la última prenda
que tu trato mereció,
sellar mi mano en el rostro
que adoraba el corazón.

(Dale un bofetón, y vase don Lope.)

Arminda   Escucha, ingrato amante,
         infame caballero,
         que sin oír mis voces
         partes peinando el viento
         en este alazán, hijo
         del céfiro ligero.
         Escucha mis razones
         y retírate luego.

García (Aparte.)   (Ésta es la voz de Arminda.
         ¿Qué escucho? ¡Santo cielo!
         ¿Qué novedad me asombra?
         ¿Qué nuevo riesgo encuentro?)
         ¡Aguarda, vil, que ofendes
         de una mujer el pecho,
         y tomaré venganza
         de tus atrevimientos!

Arminda (Aparte.) (A mayores desdichas
         sin duda me prevengo;
         pues éste es don García.)

García	Seguirle es vano intento,
	porque el caballo vuela
	con paso tan ligero
	que más que por la arena
	pisa veloz el viento.
	Para servirte, Arminda,
	y ampararte me ofrezco;
	pero advierte, señora,
	que va el riesgo creciendo
	porque en aqueste sitio
	a don Jacinto espero
	que viene por tu causa,
	celoso y desatento,
	a combatir conmigo;
	y es manifiesto riesgo
	si te encuentra a mi lado.
Arminda	Pues, don García, ¿qué haremos?
García	Tarde a lo que presumo
	tomamos el consejo,
	porque él viene ya allí.
Arminda	¿Hay más desdichas, cielos?
	O quitadme la vida
	o advertidme el remedio,
	que es más pena vivir
	para tantos tormentos.

(Sale don Jacinto, de noche.)

Jacinto	¿Es acaso don García?
García	Aquí esperándote he estado.

Jacinto	¿Pero cómo acompañado de mujer?
García	La cortesía y el lance fue tan forzoso, que por dama y por mujer la hubo de defender de un caballero alevoso, que atrevido y indiscreto con celos y sin amor, guiado de su furor, quiso perderla el respeto. Y así de tu gala fío que atento a aquesta razón para mejor ocasión guardarás el desafío. Pues, indecente sería, habiendo lance mejor, por descubrir el valor, faltar a la bizarría.
Jacinto	Este partido no admito; antes ampararla escojo, porque reñir sin enojo hace doblado el delito. Y cuando en el campo estamos no es razón aventurar, pudiéndola yo guardar al lance que deseamos. Pues, si tú a mí me vencieres, con la misma obligación mirando por su opinión obrarás como quien eres.

García	Pues, con tan noble partido,
	alto al duelo; mas primero
	saber cierto de ti quiero
	qué ocasión te haya movido;
	porque si ha sido mi intento
	el galantear a tu hermana
	y escribirla, es cosa llana
	que miraba a casamiento.
	Y así, que ni te ofendí
	ni tu honor quedó manchado;
	pues tan honesto cuidado
	no pudo ser culpa en mí,
	ni a Arminda, es cosa llana,
	pues la amaba a su pesar.
Jacinto	Las bodas se han de tratar
	conmigo, no con mi hermana.
	Y así de tu loco intento
	vengo llano a presumir,
	que fue agravio el escribir
	y el servir atrevimiento.
García	Pues, informen las espadas.
Jacinto	Presto verás mi razón.

(Desenvainan y riñen.)

Arminda (Aparte.)	(¡Qué ocupen un corazón
	congojas tan desusadas!
	Pues, si en pena tan crecida
	el contrario es vencedor,
	sin hermano y sin honor

quedo; y si él vence, sin vida;
   porque hallándome culpada
que asisto a su lado aquí,
fuerza es que prosiga en mí
las violencias de su espada.
   Pero, pues no hallo ninguna
salida en lance tan fiero,
sea el remedio postrero
fiarme de la fortuna.)

(Va retirando hasta la puerta Don Jacinto a Don García y allí dice.)

García   La espada se me ha quebrado
y estoy herido.

Jacinto   Pues, quiero
más perdonar caballero
que vencer afortunado;
   pero ha de ser, don García,
esto con tan condición
que acuerdes a tu afición
lo que usó mi cortesía.
   En tu caballo te pon,
que yo cumpliré advertido
cuanto tengo prometido
a esta dama en la ocasión.

García   Más estimo que la vida
estos respetos. Yo estoy
mal herido, y así voy
a mi casa.

Jacinto   Bien servida,
señora, de una mi hermana

estaréis, y de mí, y todo,
hasta que hallemos el modo
a vuestros males mañana.
    Venid, que tanto callar
en lance tan apretado
descubre vuestro cuidado
y explica vuestro pesar.

Arminda (Aparte.)   (En la congoja mayor
que le puede suceder
a una infelice mujer
me ha puesto mi loco amor;
    pero a una desdicha cierta
que no se puede excusar
suele la fortuna hallar
lo que el discurso no acierta.)

(Vanse. Salen Moscón, lacayo, y Lucía.)

Lucía   ¿Hay más notable cuidado?

Moscón   ¿Qué te apura, qué te abrasa?

Lucía   Pues, Moscón, si no está en casa
don Jacinto y han llegado
    tantos huéspedes, ¿no quieres
que me congoje?

Moscón   Es razón
que tenéis el corazón
como pulgas las mujeres.

Lucía   Búscale, por vida mía;
que me estoy pudriendo.

Moscón	Voy.

(Vase.)

Lucía	Parece que andamos hoy
	con las penas a porfía.
	De casa Arminda ha salido
	con recato y con desvelo,
	y yo tengo mi recelo
	que don Lope se ha ido,
	porque, según adivino
	penas, enojos y amor,
	vestida ella de color
	y él vestido de camino,
	ofendida de su hermano
	por el negro del papel,
	ella resuelta, él cruel,
	ella amante, y él tirano,
	la consecuencia está llana.

(Entran don Jacinto y Arminda, cubierta con el manto.)

Jacinto	Lucía.

Lucía	Habías de llegar;
	porque se acaban de apear
	los novios.

Jacinto	Pues, a mi hermana
	lleva esta dama tapada
	por esa puerta secreta,
	que la agasaje discreta
	y la guarde recatada;

que voy a cumplir agora
esta nueva obligación.

(Vase don Jacinto y descúbrese Arminda quitando el manto.)

Arminda   Ya vencimos, corazón.
Toma este manto.

Lucía   ¡Señora!

Arminda   Abre de prisa esa puerta,
que también a recibir
los novios quiero salir
sin que mi ausencia se advierta;
   que después te he de contar,
libre ya de mi cuidado,
el lance más apretado
que se pudo imaginar.

Lucía   Entra, que admirada estoy.

Arminda   Más lo estarás cuando diga
el aprieto y la fatiga
de que me he escapado hoy.

Fin de la primera jornada

Jornada segunda

(Salen don Jacinto y don Diego.)

Jacinto   Perdonad la cortedad,
o la llaneza, don Diego,
y que recibáis, os ruego,
el afecto y voluntad.

Diego   Bueno es esto cuando veo
tan nobles demostraciones,
que no dejan las acciones
a que se alargue el deseo.
   Todo muy cumplido ha estado;
solo es corta mi ventura.

Jacinto   Quien logra tanta hermosura
no se llame desdichado,
   pues es necia indiscreción,
y juzgo, sin duda alguna,
que es irritar su fortuna
el quejarse sin razón.

Diego   ¡Ay, don Jacinto! Querría
descubrirte mi tristeza,
pues no importa su belleza
si su belleza no es mía.
   ¿Viste el mísero doliente
que por divertir su mal
en el labrado cristal
tiene el agua de una fuente;
   que para mayor agravio
y rigor más inhumano
se la quitan de la mano

cuando fue a tocarla el labio,
   porque descubierto se halla
que, aunque tan clara y tan bella,
está el peligro en bebella
y la vida en derramalla?
   Pues, el mismo riesgo llevo
en Laura, ¡oh fiero rigor!,
si bebo pierdo el honor
y la vida si no bebo.

Jacinto   Pues, ¿qué te congoja?

Diego   Escucha,
porque conozcas mi mal;
ya que has mirado el cristal,
verás si mi pena es mucha.
   No quisiera referirte
generoso don Jacinto,
por ceñirme a lo que importa,
de mi vida los principios.
Pues nos criamos los dos
con agasajo de primos
hasta que nos dividieron
tan diversos ejercicios
como el furor de las armas
y las paces de los libros.
Pues, tú te partiste a Flandes,
yo a Salamanca; que quiso
mi padre que en sus escuelas,
teatro de ingenios vivos,
donde de la policía
se aprenden bien los estilos,
me advirtiese en las leyes
lo severo y lo entendido,

gobernando por allí
de mis medras los designios;
hasta que llegó a entender
que vivía divertido;
que en una edad floreciente
cualquier licencia es peligro.
Y sacándome de allí
a Zaragoza partimos
con la nueva ocupación
de aquel tan honroso oficio
con que le favoreció
la grandeza de Filipo,
planeta del cuarto cielo,
que mida eterna los siglos.
Trató en Madrid de casarme
con tu hermana, y ya traído
el despacho al parentesco,
mi desdicha lo deshizo.
Mientras esto sucedía,
murió tu padre y el mío,
y para mayor tormento
me señaló mi destino
por blanco de mis acciones,
por empleo de mis bríos,
por alas de mis desvelos,
el hermoso basilisco,
la más gustosa ponzoña
y el más agradable hechizo
que en los dos ojos de Laura
el ciego vendado ha visto.
Festejéla honestamente,
rindiéndola mi albedrío
a un amor en cuyas luces
blandamente muero y vivo.

Reconocí en su semblante
un amoroso cariño,
un agasajo cortés
y un favor tan advertido
que sin faltar a las leyes
de su decoroso estilo,
me pagaba en el agrado
cualquier galante servicio.
Determinéme a pedirla
a su padre, convencido
de su generosa sangre,
de su mayorazgo rico,
de su rara honestidad
y entre los dos convenimos
esta jornada a Madrid
a negociar el oficio
de que gozaba mi padre
pues solo quedé su hijo,
para que fuese de Laura
amante, esposo y marido.
Partimos de Zaragoza
y desde que nos partimos
hallé un desmayo en sus ojos,
en su agasajo un retiro,
en su agrado un desaliento
en su voz unos suspiros,
en su corazón un ansia,
en su pecho unos desvíos
que de algún cuidado oculto,
de algún amor atrevido,
de alguna pena secreta
dan evidentes indicios.
Y, aunque adoro su belleza,
aunque a sus luces me rindo,

aunque su fuego me abrasa,
y aunque sus prendas estimo,
tengo de mirar mi honor
antes que de mi apetito
los vanos antojos quiebren
tan fácil hermoso vidrio.
Y así entretendré las bodas
mientras no encontrare el hilo
con que salir de las dudas
de tan ciego laberinto,
mientras no viere el honor
más puro, más cristalino,
más sin mancha, más sin nota
que el Sol en cuyos registros
el átomo más menudo,
el polvo más escondido,
la mota más retirada
descubren sus rayos limpios;
que quien no hace examen cuerdo
de su honor inadvertido
antes de arrojarse al lance,
él mismo busca el peligro
y lo que fuera cordura
prevenir en los principios,
concluido un casamiento,
averiguarlo es delito.
En estas congojas peno;
en este tormento vivo
y entre el amor y los celos
neutral pierdo los sentidos.
¿Viste cándida paloma,
que claro está que la has visto,
de su consorte celosa
rondar el decente nido,

fuego los ojos ardiente,
aguzar el corvo pico,
tender las alas turbada,
crespar el plumaje rizo,
hacer arpones las plumas
que dispuestas al castigo
las templa al amor del pecho
aunque se juzga ofendido?
Y, en unas dudas suspensas,
ya enamorado, ya esquivo,
una vez huye quejoso,
otra vez llega rendido;
halaga el ave que adora,
enamorándola fino,
y en arrullos sus congojas
intima en vez de suspiros,
sin acertar a quejarse
ni poder mostrarse tibio
entre el fuego que le abrasa
y entre la nieve indeciso.
Pues, así yo, entre congojas
y amor abrasado lidio
sin poder yo mismo en nada
aconsejarme a mí mismo.
Una vez la busco amante,
otras veces ofendido
por no abrasarme en su llama
de sus luces me retiro.
Y solo por desahogo,
por consejo y por alivio
porque me adviertas discreto
cuanto padezco te he dicho.

Jacinto   Grande es tu pena, don Diego,

porque celos con amor
es dolor sobre dolor
y es añadir fuego a fuego.
    Pero si solo el cuidado
es de lo que has presumido,
no queda amor ofendido
de un delito imaginado;
    pues cuando más en tu daño
te quejas de su rigor,
vendrá a descubrir su amor
que fue tu malicia engaño.
    Remite al tiempo discreto
que aclare duda tan grave;
pues él solamente sabe
sacar a luz un secreto.
    Pero aquí vienen las dos.

(Aparte.)   (¡A fe, que Laura es hermosa!)

(Salen Arminda y Laura.)

Laura   Nunca estuve tan gustosa.
                   ni tan contenta.

Jacinto   ¡Por Dios!,
                   Laura, que me alegro mucho,
                   pues colijo en tus razones
                   que evidentemente opones
                   lo que escuchas a lo que escucho,
                       porque don Diego sentía
                   tu tristeza.

Diego   No te espante,
                   pues a fuer de fino amante
                   era la tristeza mía.

51

Pues, como el amor implica,
sin arder en una llama,
quien no siente en lo que ama,
no ama lo que publica.

Arminda (Aparte.)   (Bien discurrido está a fe.)

Laura (Aparte.)   (Y yo lo siento mejor,
pues hallé todo mi amor
donde no lo imaginé
     porque don Jacinto era
el que en Zaragoza hizo
aquel amoroso hechizo
que causó mi pena fiera.
     Y cuando en Madrid le he hallado,
toda el alma se cobró;
que el bien que no se esperó
es bien más para estimado.)

Jacinto   Verás la corte y el Retiro
con que te divertirás.

Laura   No he menester ya ver más
que lo que en tu casa miro,
     porque tu gala, tu agrado,
de Arminda la cortesía
quitan mi melancolía
y suspenden mi cuidado.

Diego   Laura, ¿no te lo advertí
en el camino primero?

Jacinto   Que os halléis muy bien espero.

Laura	Jurara yo que te vi
	en Zaragoza ya ha días;
	y según lo que imagino,
	en el corso y de camino
	fuiste haciendo cortesías
	a una señora tapada.

| Jacinto | Es verdad. Di, ¿quién sería? |

Laura	No sé, pero parecía
	doña Juana de Moncada.
	Y aquesto lo colegió
	de que me mostró despúes
	un relojillo francés.

| Jacinto | ¿Y dijo quién se la dio? |

Laura	No dijo quién, pero es llano
	que tú debiste de ser;
	porque yo vine a saber
	que se la dio un castellano;
	y habiéndola visto hablar
	contigo desde un balcón
	de mi casa, la hilación
	era fácil de sacar.
	¿Te picó?

Jacinto	Sí, confesallo
	tengo, aunque el rostro no vi.
	Tanto en su voz me perdí
	que aun agora no me hallo.

| Arminda | Esto es amor a buen ojo. |

Laura	Parece que tierno estás.
Jacinto	Y Laura, ¿no me dirás si se ha casado?
Laura (Aparte.)	(Yo arrojo las varetas con cuidado para saber mi cautela si este jilguero que vuela está en la liga pegado.) No se ha casado aun agora; pero la quieren casar, y ella muere de pesar porque en otra parte adora. Y aún se sospecha que fue el caballero que habló a quien el alma entregó con pura y honesta fe, pero su nombre ignoraba; y aunque en su llama se ardía, como no le conocía en hielo y fuego penaba. Pésame de haberte dado este susto sin querer.
Jacinto (Aparte.)	(¡Válgate Dios por mujer! ¡El fuego que has despertado!) Señora, si agradecido he de responder, confieso que me enternece el suceso solamente referido, porque aunque juzgues locura amar lo que no se ve, confieso sin ver que amé

su imaginada hermosura;
    y no pienses advertida
que es facilidad sobrada,
que una belleza mirada
no es tanto como creída;
    pues la vista y la atención
notan con grave censura
en la mayor hermosura
la menor imperfección.
    Cuando en materias de amor
suele un ardiente deseo
hacer en lo que no veo
siempre el retrato mejor,
    hoy me ha el caso sucedido.

Arminda   Basta de divertimiento.

Laura   Mañana acabaré el cuento;
                 que está mi padre dormido,
                     y me quiero recoger.
                 Vamos, Arminda, que espero
                 con este lance primero
                 morir del todo o vencer.

Diego   Si nos dais las dos licencia,
                 iremos a acompañaros.

Arminda   No es razón, sino quedaros,
                 pues fuera poca decencia.

Jacinto   Arminda, a aquella tapada
                 pon en el cuarto que dije.

Arminda (Aparte.)   (El corazón se me aflige.)

Laura (Aparte.)   (¡Válgate Dios por jornada!)

(Vanse Arminda y Laura.)

Jacinto   ¿Qué te parece, don Diego,
                          del cariño, del agrado
                          con que Laura nos ha hablado
                          sin sentirse su despego?

Diego   Que es milagro de tu casa
                          que no estorba mi recelo;
                          pues puede volverse hielo
                          este fuego que me abrasa.

Jacinto   Vámonos a recoger
                          que es tarde y vendrán cansado.

Diego (Aparte.)   (Ni aun el rostro me ha mirado
                          divertida esta mujer.)

(Vanse. Salen Moscón y Lucía.)

Lucía   ¿Don Lope es un gran pícaro?

Moscón   ¡Un bellaco!
                          Cargadas las narices de tabaco,
                          lleno siempre de mocos,
                          sus pañuelos tan pocos,
                          tan bastos sus pañuelos,
                          que un lienzo de pared hace lenzuelos,
                          y con asco inhumano
                          le sirve de pañuelo la una mano.
                          Jura y no paga deudas de criados,

porfiado donde haya porfiados;
que con astucia y traza peregrina
un perro muerto daba a cada esquina;
hombre que no respira
sin sacar de la boca una mentira
y con burlas que ha hecho a mercaderes
pudo llenar de trampas las mujeres,
pues cuando más escampa,
cada palabra suya es una trampa;
y tiene en cada aliento
una torre de viento
porque tan vano hombre no le hallaron
desde que los molinos se inventaron,
con tanta vanidad y desatinos
que puede dar el viento a los molinos;
y estando muy preciado de limpieza,
en el cuerpo criaba y la cabeza
tan grande variedad de sabandijas
con otras ochocientas baratijas
que a ninguno ha llegado
que no la haya pegado.
Tiene sarna, empeines, almorranas,
y todas las mañanas,
como si reventara unas postemas,
echa del cuerpo cóleras y flemas.
Las bubas son tan tiesas
que en su cartuja pueden ser profesas
sin que unción ni sudor que las estruja
las pueda hacer salir de su Cartuja.
Pues, ¿qué es contar, Lucía,
los desaires que a tu señora hacía?
No hubo gallega moza de servicio
que no pagase gajes a su vicio;
no hubo sucia fregona

ni infame vil tusona
a quien de un mismo modo
no lo intentase todo.
Y como mula de alquiler mohina,
se me quería entrar en cada esquina
en oliendo cebada
sin poderle sacar de la posada.
Don Jacinto es un ángel, sin engaños;
ama como se amaba agora cien años
con tanta fe y amor, con tanto exceso,
que puede dar cien higas a don Bueso.
El otro, picarón aventurero,
enredador, bellaco, lisonjero,
¡vive Dios!, no le sirviera una hora
si me diera cuanto el Perú atesora
y cuanto el Indio baña.
Por eso salió Bras de su cabaña.

Lucía   Agora te quiero más; que eres honrado.

Moscón   Mucho en el conocerlo te has tardado.

Lucía   El término que usó con mi señora
es la acción más infame y más traidora
que emprendió caballero.

Moscón   Pues, ¿no se me fue a mí con el dinero?
Y el salario de un año que servía
me le voló en un día.
No hablemos de esto más, que pierdo el tino.
Servir a don Jacinto determino
y esta noche quisiera
hablarte más despacio si pudiera;
que con el alboroto y con el ruido

me quedaré escondido
y cuando alguno me halle,
o decirle que calle
o si adelante pasa,
diré que me acomodo en esta casa.

Lucía

Pues, Moscón, vete agora
que vendrá ya a acostarse mi señora,
y dispón de manera
que en el cuarto que cae a la escalera
te encuentre yo a la una.

Moscón

¡Viva Lucía y vítor mi fortuna!
Voyme yendo y bajando
que no soy enfadoso en negociando.

(Vase.)

Lucía

Es honrado Moscón y comedido,
y así mi corazón tiene rendido
y es persona, en efeto,
que tiene ley y guardará secreto.
Y esta fineza, con que me ha obligado
confieso que de nuevo me ha ganado,
pues dejó a su señor y le aborrece
por la esperanza que mi amor le ofrece
pero aquí viene Arminda.

(Sale Arminda.)   ¿Qué te parece Laura?

Arminda

                         Hermosa y linda,
entendida y airosa.

Lucía

Pues junto a ti no me parece hermosa;
mas, ¿sabes lo que pasa?

Moscón está en tu casa;
que como vive desacomodado,
en casa se ha quedado
y ha dicho de Don Lope cosas raras,
que si tú las oyeras te admiraras.
Señora, te engañaba;
y cuantas picaruelas encontraba
con todas se envolvía.

Arminda   No ha habido más desdicha que la mía.
Aún después de salir de tal cuidado
me queda todo el corazón helado.
¿Viste el ave pequeña y delicada
que con descuido atento
era en el árbol música del viento
y tiorba del prado,
a quien cantaba amante su cuidado
y entre las verdes hojas le decía
blandos requiebros a la luz del día;
que hambrienta águila sigue
y aunque se esconde, astuta la persigue,
y después del peligro tan patente
de que ella se escapó dichosamente,
cuando a la luz asoma cautelosa
cualquier ruido la asusta temerosa
y sobresalta el inocente pecho?
Pues, este mismo en mí don Lope ha hecho;
que viéndome del riesgo ya escapada,
tengo el alma turbada,
el aliento perdido,
desmayado el sentido,
el corazón helado,
la voz y el labio todo desmayado;
y a vista de tan rara grosería

toda yo vengo a ser estatua fría
y volviendo el discurso a mi decoro
yo misma de mí misma el ser ignoro.

Lucía   Señora, yo confieso
               lo extraño del suceso
               pero no a la congoja tan rendida,
               por llorar el amor, pierdas la vida;
               que es de cobarde pecho
               no hacer rostro a un lance más estrecho,
               y es de poco valor, sin duda alguna,
               quien no sabe oponerse a su fortuna.
               Deshecha la pasión y el sentimiento,
               muera en tu pensamiento,
               muera don Lope ingrato.
               Rompe sus líneas, borra su retrato
               y sin que haya embarazos
               arroja sus memorias a pedazos.
               Si importare a tu olvido,
               en trozos salga el corazón partido
               porque acaso no tope
               la piedad quien informe por don Lope.
               Y agora ven, señora,
               a descansar, que es hora.

Arminda   Vamos, que mi tormento
               cuanto más le imagino más le siento.

(Vanse. Salen don Lope y Moscón, de noche.)

Moscón   ¡Qué no acaban de cerrar
               esta puerta! ¡Vive el cielo!,
               que malician mi desvelo
               y pretenden mi pesar.

Las once y media son dadas
y la casa se está abierta
como si fuera la puerta
de una casa de posadas.

Lope   ¿Es Moscón?

Moscón   Sí, ¿quién me llama?

Lope   Yo soy.

Moscón   ¡Don Lope, señor!

Lope   ¿Qué hacéis aquí?

Moscón   Tengo amor
y estoy rondando mi dama.
    ¿Cómo tan presto has venido
del viaje? ¿Hubo mohina?
Quien presto se determina
presto se halla arrepentido.
    Tomaras tú mi consejo
y no encontraras agora
en Arminda, mi señora,
un palmo de sobrecejo.
    Presto te determinaste
y esto luego lo vi yo;
que la ropa se lió
pero tú no la liaste.

Lope   ¿Está Arminda muy cruel?

Moscón   ¿Cómo cruel? ¡Tigre hircana!
La fiera leona albana

es a su vista un lebrel.
   Cuanto encuentra, cuanto toca,
emponzoña. Cuanto mira,
toda halla en sus ojos ira
y todo fuego en su boca.
   Dice que no ha de parar
desmelenado el cabello
hasta hacer torcerte el cuello
o hacer sacarte a azotar.
   ¡Mira, qué ofendida se halla!

Lope   Y tú, ¿qué hiciste. Moscón?

Moscón   Metíala por razón
y procuraba templalla;
   pero estaba de manera
que cuanto más la templaba
más irritada la hallaba,
más indignada y más fiera.
   Y cuanto de tu fineza
más le informaba y tu amor,
un color y otro color
de pies mudaba a cabeza.
   Está, es lástima decillo,
más indignada de ti
que enferma de frenesí
con pintas y tabardillo.

Lope   Mira, dila...

Moscón   Ni a los brazos
me llegues; que está enojada
y, por ser cuenta tocada,
me dará dos mil porrazos.

Lope	¡Ay, Moscón! Yo la ofendí;
	pero tanto la adoré
	que apenas la desprecié
	cuando a penas me volví.
	    Y con poca discreción
	advertí tarde y en vano
	que pudo errarse su hermano
	en su falsa información.
	    Con que, doblando el pesar,
	vuelvo de nuevo a elegir
	antes mirarla y morir
	que morir y no mirar.

Moscón	Señor, vete a recoger;
	que yo aquesta noche intento
	quedarme en este convento.
	Ella te amó y es mujer.
	    Yo procuraré mañana
	volverla a dar un jabón,
	y a la nueva información
	quizá estará más humana
	    y avisaréte de todo.

Lope	Pues, adiós.
Moscón	Parte seguro; que tu remedio procuro y buscaré el mejor modo.
(Vase don Lope.)	Y yo también me recojo que me parece que he oído ya de las llaves el ruido; que suenan en su manojo.

(Vase Moscón. Sale Laura y siéntase en una silla a un lado del tablado.)

Laura   Blando hechizo de amor, dulce veneno,
que en la viveza de mi pecho ardiente
introduciste artificiosamente
tanta ponzoña en vaso tan ameno,
    si ya en las llamas de tu fuego peno,
si el duro yugo el corazón no siente,
y a la ley de tu imperio está obediente,
aunque es imperio de violencias lleno,
    ¿por qué con tiranía me condenas
después de hallar el bien que he deseado
a que arrastre en tus triunfos más cadenas?
    Y, creciendo cuidado a mi cuidado
cuando el alivio ofreces de mis penas,
¿me haces penar en un amor callado?

(Sale don Jacinto por el otro lado del tablado, de noche.)

Jacinto   No sé si es curiosidad
o amor es el que me guía
y en esta necia porfía
fluctúa mi libertad.
Para decir la verdad,
mi misma causa no sé;
que amar lo que no se ve,
hablando en todo rigor
no puede llamarse amor
y puede llamarse fe.
    Si adoro lo que no veo,
amor es; pero si aspira
el alma a lo que no mira,
será curioso deseo.
El uno es gustoso empleo

del ingenio, otro ha de ser
de la voluntad. ¿Saber
no es amar? Luego si quiero
sin saber amar, infiero
que es amar y no entender.

    Mas si nace del sentido
el agrado del amar,
¿cómo puedo sin mirar
no entender haber querido?
Luego fineza no ha sido
si le falta la razón;
y así es cierta conclusión
que son curiosos antojos,
pues lo que no ven los ojos
no lo adora el corazón.

    Pero que haya amor perfeto
sin perfeto ver no admiro,
si en la causa que no miro
estoy mirando el efeto.
¿Qué importa que en lo secreto
del manto un portento sumo
no mire, si lo presumo
del garbo y donaire? Luego
bien colegiré que hay fuego
donde estoy mirando el humo.

    Antes bien, para el amor
evidentemente infiero
que quiero más lo que quiero
sin verlo, pues, en rigor.
Arguyo mucho mejor
en tan clara competencia
la eficacia, la violencia,
quien ama lo que no ve,
pues más es amar por fe

que el amar por evidencia.
  En la mujer que no vi,
aunque intento la miré,
todo cuanto imaginé
de su belleza creí.
Y, aunque recató de mí
la voz, el rostro, el cuidado,
más el alma me ha robado
cuanto más se me retira;
pues vence al bien que se mira
el bien que es imaginado.
  Y así, con toda verdad,
hallo que de mi pasión
vienen a ser ocasión
amor y curiosidad;
pues parte en la voluntad,
parte en el entendimiento
me divide el pensamiento
para desvelarme así;
curioso en lo que no vi
pero amante en lo que siento.
  En este cuarto advertí,
que la pusiese, a mi hermana.

Laura   O me engaña aprehensión vana
               o siento pasos aquí.

Jacinto   Quiero arrojarme brioso
               y llegar a hablarla agora.

Laura   Yo me levanto.

Jacinto   ¡Señora!

Laura	¿Quién me llama?

Jacinto
                        Quien curioso
    te busca y enamorado;
que una belleza tapada
puede solo imaginada
hacer, despierto, un cuidado.

Laura
    ¿Es don Jacinto?

Jacinto
                 Yo soy.

Laura (Aparte.)
(Sin duda que me entendió
cuanto anoche le advirtió
mi cautela. Alegre estoy,
    pero quiero examinar
tan ocasionado intento.)
Pues, di, ¿con qué atrevimiento
te determinaste a entrar?

Jacinto
    A vuestro recato fiel
solo diré la ocasión:
robásteisme el corazón
y vengo agora por él.
    Pues tan airosa tapada
como anoche descubrí
es razón que diga aquí
lo que allí calló turbada.
    Y porque a mi bizarría
debáis tan honrado trato,
busco en la noche el recato
a que faltaba de día.

Laura
    Pues, para premiar tu acción

te descubriré discreta
toda mi pena secreta
si me prestas la atención.
    Yo soy, señor don Jacinto,
doña Laura de Moncada,
de aquel tronco generoso
de Aytona florida rama.

Jacinto (Aparte.)   (¡Cielos! ¿Qué es esto que escucho?
Por encontrar la tapada
que anoche con bizarría
amparar quise en mi casa,
y para que la guardase
la entregué a Arminda, mi hermana,
diciendo que en este cuarto
la pusiese, estoy con Laura.
Ella la tapada fue
que en Zaragoza me hablaba,
y sin duda tocando anoche
el lance, es cosa muy clara
que cuanto he dicho creyó
de sí. Yo quiero escucharla
para ver este suceso
de mi fortuna. ¿En qué para?)

Laura   De Barcelona mi padre
vino, por una desgracia,
a Zaragoza a vivir,
ilustre ciudad de España,
solar de tantas noblezas,
de tantas bellezas patria,
en que nací para ser
blanco de fortunas varias.
Crecí en la edad floreciente,

siendo a cuantos me miraban
o aliento de sus deseos
o vida de su esperanza,
porque aplaudida de hermosa
o de atenta lisonjeada,
no hubo quien no me dijese
enternecido sus ansias;
que en las hermosuras juzgo
la cosa más desdichada
el agradar mucho a todos,
siendo pocos los que agradan.
Era en las calles seguida,
era en los templos buscada,
atendida en los concursos
y festejada en las plazas,
siendo para mi recato
lo que más le sobresalta
aquel aplauso penoso
que no enamora y enfada.
Entre cuantos caballeros
me seguían, me miraban
con pretensión de mis bodas,
celebrándome bizarra,
fue don Diego de Mendoza
el que a mí me agradaba
por su discurso y su talle,
por su ingenio, por su gracia,
por su recato y decoro,
por sus respetos; que causa
natural estimación
en personas de importancia
más quien disimula cuerdo
y sus finezas recata,
que quien fácil las publica

con ostentaciones vanas.
Así divertido el tiempo
de mi juventud pasaba
sin imaginar que amor
de mi libertad triunfara,
que a su yugo me rindiera,
ni que mi pompa lozana,
no sujeta a las lisonjas,
siempre sorda a la alabanza,
pudiera en tiempo ninguna
hallar poderosa causa
que con ocultos influjos
mi hielo trocase en brasa.
Cuando saliendo —aquí tiemblo
de decirlo— una mañana
de rebozo por el Corso
a oír misa en Santa Engracia...
No te admire que me turbo
al acordármelo el alma;
que siempre las novedades,
como cosas desusadas
o suspenden los sentidos
o hacen perder las palabras,
Te vi y te hablé, sin saber
de qué hechizo la eficacia
de qué violento conjuro,
de qué ponzoñosa vara,
mi pecho quedó rendido
y mi condición trocada.
¿No has visto quebrado vaso
donde está escondida el agua
con la cera que el cristal
bien asegurado guarda,
que al hielo dura constante,

pero en llegando la brasa
que la derrite y deshace,
que la dispone y ablanda,
arroja el agua y despide
toda la líquida plata,
sin que puedan detenerla
las diligencias humanas?
Así yo, que al hielo duro
de mi honor, de mi constancia,
era insensible peñasco,
era de mármol estatua,
era bronce, era diamante,
en cera me vi trocada,
y a tu calor reventó
toda la fuerza del agua.
Ni yo te dije mi nombre
ni el tuyo supe; que ingrata
por acudir a mi honor
el amor disimulaba.
Solo en discursos de amor
las veces que me encontrabas
te descubrí mis finezas
sin descubrirte mi casa,
diciéndote que algún día
mi palabra te empeñaba
que habías de conocerme
porque en extremo te amaba.
Y, dándote una sortija
y tú a mí un reloj de Francia
por prendas de viva fe,
volví tan muerta a mi casa
que preguntándome a mí
por mí misma, no me hallaba
porque en tu pecho vivía

todo el discurso del alma.
Nunca más pude encontrarte
por más que lo procuraba,
sin que mirasen mis ojos,
sin que atendiesen mis ansias
a otra luz con que alegrar
mi ya perdida esperanza,
mis encendidos deseos,
y mis diligencias vanas.
En este tiempo don Diego
sus bodas conmigo trata;
con mi padre se conviene
y disponen la jornada
a Madrid sin que disculpas
y sin que estorbos me valgan
a resolución tan fiera
que la vida me acababa.
Partimos de Zaragoza,
y como nunca quien ama
vive alegre si le quitan
lo que gustosa esperaba,
tan muerta vine, tan triste,
tan suspensa y congojada
que solamente vivía
del tiempo que en ti pensaba,
discurriendo sin consejo
tantos modos, tantas trazas
de desbaratar las bodas
hasta que a ti te encontrara
que, aún no descubriendo el modo
a mí misma me engañaba
con locos divertimientos
de unas esperanzas vanas,
hasta que viéndote a ti

mis fatigas ya descansan,
mis penas todas cesaron
y mis desdichas se acaban.
Como el diestro marinero
que en la ya rota borrasca,
quebrado el timón del viento,
burlado el leño en las aguas,
rotos los árboles todos
del trinquete a la mesana,
los linos recoge triste
y deja la nave incauta
al gobierno de las ondas
y del aire que la ultraja,
pero cuando ya la muerte
en la tempestad aguarda,
halla que la tempestad
puso su nave en la playa,
halló el puerto deseado
metiéndole por la barra.
Así yo de mi tormenta
vi la fortuna trocada,
convertido en gusto el llanto,
en ventura la desgracia,
la muerte en vida dichosa,
la congoja en piedad blanda,
y en dulce serenidad
la injuria de la borrasca.

(Sale don Diego con la espada desnuda y asómase a la puerta.)

Diego (Aparte.)   (O sea verdad del sentido
o mentira del cuidado,
pasos y ruido a este lado,
a mi parecer, he oído.

74

                        Y en estos puntos de honor
                        solo el velar me asegura;
                        que guardar una hermosura
                        es el peligro mayor.
                            Hacia aquí las voces siento.
                        Atento quiero escuchar.)

Jacinto   No podrás, Laura, pensar
                        mi mucho agradecimiento.

Diego (Aparte.)   (Confusa la voz escucho
                        de un hombre.)

Laura   Decir no sé,
                        mi dueño, como te amé
                        pero sé que te amo mucho.

Diego (Aparte.)   (Ésta es Laura. ¿Hay más sentir
                        en este lance? Me apuro
                        pues siento allá... Estando oscuro
                        podrá el contrario salir,
                            y si aquí estoy aguardando,
                        es morir y reventar.)

Jacinto   Mi bien, mal podéis culpar
                        a quien os está adorando.

Diego   (El hombre habla cauteloso
                        porque no le puedo oír.)

Laura   Ni acostarse ni dormir
                        puede un corazón dudoso,
                            y en lance tan peregrino
                        quedarme así, no te espante,

que el discurso de un amante
tiene luces de adivino.

Diego (Aparte.)   (Entre tantas confusiones
me quiero determinar
a dar voces y guardar
la puerta.)

(A voces.)   ¡Qué andan ladrones!
¡Traigan luces los criados!
¡Don Jacinto, Arminda!

Laura   ¡Ay, cielos!
Esto faltó a mis recelos.

Jacinto   Esto sobró a mis cuidados.

Diego   ¡Don Jacinto, señor, mira
que andan ladrones!

Laura   ¿Qué haremos?

Jacinto   ¿Qué salida buscaremos
que no parezca mentira?
    Porque decir que entré aquí
por error, mal se concierta;
pero aguarda, que una puerta
si no me engaño, hay allí.
    Estáte queda, que yo
salgo a mi cuarto por ella
y lo compondré.

(Vase.)

Laura   Mi estrella

en todo me persiguió.

Diego   ¡Don Jacinto!

(Dentro.)

Jacinto   ¿Quién me llama?

Diego   ¡Qué andan ladrones!

Jacinto   ¿Adónde?

Diego   En este cuarto se esconde
                 el que es ladrón de mi fama.

(Éntrase por una puerta don Jacinto, con una luz. Sale por la que guarda don Diego, con la espada desnuda. Laura a un lado.)

Jacinto   ¿Qué es esto?

Diego   Tú lo verás.
                 Dame esta luz.

Jacinto   Toma.

Laura   Dormida
                 me había quedado vestida.
                 ¿Qué ruido es éste?

Diego (Aparte.)   (Jamás
                 vi sueño tan advertido,
                 ni tan bien disimulado.
                 Mira que un ladrón ha entrado
                 para robarte el vestido.)

Laura	Míralo bien.
Diego	Yo lo sé por mi mal o por mi pena. ¿Y esta puerta?
Jacinto	Es alacena de la casa.
Diego	Quédate aquí con Laura, que voy a registrar con destreza la casa pieza por pieza, que en gran laberinto estoy.
Jacinto	Pues, ¿qué sentiste?
Diego	Yo oí un hombre y una mujer y aunque no los pude ver, claramente los sentí. Enciende esta luz y queda aquí guardando mi honor.
(Vase.)	
Jacinto	No habrá ventura en mi amor; que ya creerla no pueda. Pues, en lance tan extraño, siendo la ocasión tan mía, de mí mismo se confía para asegurar su engaño. Parece que estás turbada.

Laura	Pues, ¿no quieres que lo esté
	si del peligro que fue
	aún no estoy desengañada?

| Jacinto | Mientras él la casa mira, |
| | entremos a estotra sala. |

| Laura | Vamos; que mi mal no iguala |
| | con la ventura a que aspira. |

(Toma la luz don Jacinto, éntranse, y salen turbados Lucía y Moscón.)

| Lucía | ¡Qué notable confusión! |

Moscón	No temas nada, Lucía,
	teniendo la valentía
	a tu lado de Moscón.

| Lucía | ¡Caro es hablar! |

Moscón	Más caro es
	que la mayor inquietud,
	o siete pies de ataúd
	o un hoyo de siete pies.

Lucía	La casa anda alborotada.
	No sé qué hagamos; mas ya
	tarde el consejo será;
	que con la luz y la espada
	viene el huésped.

| Moscón | Y examina |
| | los rincones de manera |

que ha de hallar en la escalera
los trastes de la cocina.
   Si entrare en este aposento,
esto es sin remedio. Di,
Lucía, que te ofrecí
palabra de casamiento.

Lucía   Aguarda, que mi cuidado
me dio la traza.

Moscón   ¿Cuál es?

Lucía   Con este manto que ves
está todo remediado.
   Di que yo soy la tapada
de anoche, que me valí
para salirme, de ti.

Moscón   La quimera es extremada
   y muy fácil invención.

(Sale don Diego con la luz, y espada desnuda, y ve a los dos. Da voces.)

Diego (Aparte.)   (Un hombre que a una mujer
tapada quiere esconder
miro.) ¡El ladrón, el ladrón,
   don Jacinto, he hallado! ¡Muere!
¡Muere, cobarde!

Moscón   Señor,
no te arrojes con furor.

Diego   Pues, muere.

Moscón	Cuando Dios quiere,
	moriré; que soy cristiano
	y no me huele el vivir
	tan mal que quiera morir
	con mi gusto y por tu mano;
	que tengo, aunque me ves lacio,
	en la espada por divisa
	que no me maten de prisa
	si puedo morir despacio.
	Y sabré reñir airoso
	aunque me miras confuso;
	que intento, fuera del uso,
	ser lacayo muy brioso.
	Procede con discreción
	que según lo que he pensado
	traes el pulso alborotado
	con las barras de Aragón.
	Yo estoy aquí retirado
	sin hacerte mal ninguno,
	y no es razón que importuno
	de un rincón me hayas sacado.
Diego	Si yo te he sentido hablar
	con Laura, si el riesgo toco,
	pues con intento tan loco
	a Laura quieres robar,
	y de esa mujer tapada
	te piensas, necio, valer,
	¿no me vienes a ofender?
(Riñen.)	
Moscón	Mi verdad está en mi espada.

Diego	¡Muere, infame!
Moscón	Mi razón guarda mi vida.
Diego	¡Traidor!

(Sale don Jacinto, con la espada desnuda.)

Jacinto	¿Qué es esto?
Moscón	Es esto, señor, querer matar a Moscón y quererlo resistir pues no hay peligro tan grave en que conmigo se acabe que yo me quiera morir.
Jacinto	Don Diego, ¿con un criado medís las armas?
Diego	Pensé como en tu casa le hallé que hablaba disimulado.
Jacinto	Pero di, ¿qué haces aquí con esa mujer?
Moscón	Estoy desacomodado hoy. Como a don Lope serví y él a Segovia se fue, de servirte tuve gana y hasta informarte mañana

de tu casa me amparé.
   Y estando en esta escalera,
sin acordarme de nada,
aquesta mujer tapada
me pidió que la valiera;
   porque anoche mil quimeras
me contó que habían pasado,
y así salirse ha intentado
porque no la conocieras.
   Dijo que era principal
y que a saberse en su casa
este suceso que pasa,
lo pasaría muy mal.
   Yo, no sabiendo qué hacer,
hallando el peligro aquí,
la amparé y la defendí
por serrana y por mujer.

Jacinto   Señora, mucho he sentido
que vuestra resolución
por valerse de Moscón
mi secreto haya ofendido.
   Pero volved a mi hermana;
que yo os juro por quien soy
que vuestras penas de hoy
tengan remedio mañana,
   y esto con tanto secreto
que yo mismo no sabré,
sino en noticias de fe,
vuestro mal.

Moscón   Eres discreto
  y cumples la obligación
de caballero.

Jacinto	Querría
	no estragar la cortesía.
	Llama a mi hermana, Moscón.
Moscón	Voy a llamarla al momento.

(Vase.)

Jacinto	¿Habéisos desengañado,
	don Diego?
Diego	No es mi cuidado
	fácil desvanecimiento.
	Toda la casa miré
	y aunque mi ofensa no vi,
	¿qué importa que yo le oí
	decir que no le encontré?
	Velar importa a mi honor;
	que nunca se ha de decir
	que se pudo preferir
	a mi crédito mi amor.

(Salen Arminda y Moscón.)

Moscón	Arminda, señor, está
	aquí ya.
Jacinto	Poco cuidado
	tienes en lo que encargado
	te dejé, bien se verá,
	pues esta dama ha querido
	irse a casa sin decir
	en qué la puedo servir.

Arminda (Aparte.)   (¿Qué lance no prevenido
                          es éste? Pues, si yo fui
                       la tapada y la mujer,
                       ¿cómo agora puede haber
                       mujer y tapada aquí?)
                          Señor, ella se escondió
                       después de haberme informado
                       y de haber visto en mí agrado,
                       fineza y amor, y yo,
                          con la ocupación forzosa,
                       cuando la volví a buscar
                       ninguno la pudo hallar.

Jacinto   Pues, descansad, dama hermosa,
                          hasta mañana, y adiós.
                       Vámonos a recoger.

(Vanse don Jacinto, don Diego, y Moscón.)

Lucía   ¿Hay más dichosa mujer?
                       ¿Estamos solas las dos?

(Destápase.)

Arminda   Pues, di, ¿qué es esto, Lucía,
                       de que tan suspensa he estado?

Lucía   Es haberme aprovechado
                       de tu misma fullería.
                          Quedó en tu casa Moscón,
                       quiso hablarme de don Lope,
                       y porque nadie nos tope
                       le busqué con atención.

Alborotóse don Diego,
dio voces que había ladrones,
y entre tantas confusiones
registró la casa luego.

Con luz llegó a la escalera,
y vime perdida allí
pero del susto salí
con una airosa quimera.

Porque el manto aproveché
con que viniste tapada,
y anoche, bien descuidada,
acaso en la manga eché.

Llegó y queriendo reñir,
don Jacinto allí salió
y cuando una mujer vio
tapada, pude fingir

que yo la de anoche era.
Y con aquesta invención
galán me escapó Moscón
de una deshonra tan fiera.

Esto es lo que ha sucedido.
Agora puedes decir
que yo me volví a salir
con que habremos concluido.

Y aunque en pena desigual
con un mismo pensamiento,
a ti el manto te dio aliento,
y a mí me advirtió en tu mal.

Arminda   Pues, vuélvete ya a tapar
porque más disimulada
quede tu traza lograda
en quien nos puede encontrar,

y vamos a mi aposento;

que es tiempo de recoger.

Lucía   Vamos, que para vencer,
importa el atrevimiento.

Fin de la segunda jornada

Jornada tercera

(Salen don Jacinto y Laura.)

Jacinto   No tuve culpa ninguna,
                         señora, por Dios.

Laura   Tan cortos
                     plazos hay desde el engaño
                     al desengaño penoso
                     que aún no explicaron los labios
                     mi fineza, y ya los ojos
                     encontraron qué llorar
                     con suspiros, con sollozos,
                     en la mujer que tapada
                     escondiste cauteloso,
                     para quitarme la vida
                     con aquel cruel rebozo,
                     nube a mi serenidad,
                     vapor que al cubrir su rostro,
                     a los rayos de mis luces,
                     hizo un eclipse forzoso.
                     Mal a mi estrella resisto,
                     y vanamente me opongo
                     a mi violenta fortuna,
                     si cuando más la soborno,
                     al descubrir los halagos,
                     mayores violencias toco
                     y en los azares deshecha
                     su rueda se parte en trozos.
                     Para gozarla saliste
                     de tu cuarto cauteloso
                     anoche, cuando me hallaste
                     a mí y con fingido gozo

los desvelos me mentiste
de tu amor artificioso,
disimulando el engaño
y cautelando el oprobio.
Ve, don Jacinto, que en vano
quejas y razones formo;
en vano te pido celos
y vanos son mis enojos.
Si adoras esa belleza,
antes que supieses como
mi corazón te adoraba,
yo contra mí misma informo
y por no hallarte culpado,
mi delito reconozco,
mi facilidad acuso
y de ti me quejo; solo
porque no me preveniste
de tus empeños gustosos,
porque te estimo de suerte
porque de suerte te adoro,
—sí— que supiera quererte
sin esperar otro logro
de amor bien correspondido
en un pecho generoso.

Jacinto   Señora, si a esa mujer
he visto, si la conozco,
si sé quién es, si sus prendas,
si oí su voz, si su rostro
en algún tiempo miré,
si un solo afecto amoroso
la he descubierto, la vida
me falte, y el pecho roto,
o con la furia de un rayo

o con un ardiente plomo,
pague en heladas cenizas
un fuego tan alevoso.
Bien pudieran disculparme
divertimientos de mozo
antes de saber de ti
favores tan venturosos;
que en una lozana edad
son galas los alborotos,
y empleos de amor se llaman
divertimientos del ocio.
Pero ni de estas disculpas
me valgo, cuando yo propio
de los sentimientos tuyos
la causa infeliz ignoro.
Esta mujer encontré
en un lance peligroso
y en mi casa la amparé.
Es el delito tan corto
que no me puedes culpar,
pues en el hombre más tosco
fuera necia grosería
y fuera grave indecoro
no acudir a una mujer
en un lance tan forzoso,
aunque se arriesgue la vida
y aunque allí se pierda todo.
Y porque te desengañes
al informarte en mi abono,
si me buscó, ¿cómo huía
de mí a media noche y cómo
procuró que no la viese
recatando siempre el rostro
sin tener de una palabra

el menor descuido solo?
¿Cómo se huyó antes que al día
diese sus luces Apolo,
descogiendo por el aire
su rubia madeja de oro?
Mujer que se va y se viene
con tan fácil desahogo,
¿me puede llamar empleo
de un afecto generoso?
Muy vulgarmente me empleas
y ¡vive Dios!, que me corro
—sí, Laura— que hayas creído
de mí agravio tan notorio.

Laura   Digo que me satisfago
de mi amor escrupuloso,
y a tus razones rendida
con más fineza te adoro.
Pero es menester pensar,
don Jacinto, de qué modo
desbaratarse podrá
este infeliz desposorio.

Jacinto   Esta noche en el jardín
podremos hablarlo todo;
que es dar luz a las sospechas
el vernos aquí tan solos.
Vete a tu cuarto; que yo
he de acudir a un negocio
en palacio.

Laura   Pues, adiós,
mi señor.

Jacinto	Adiós, mis ojos.

(Vanse. Entran Arminda, Lucía y Moscón.)

Arminda	La noche fue de azares.
Moscón	Son estas noches de caniculares
	todas noches de agüeros,
	hasta que se descubren los luceros;
	porque pulgas y chinches son empeño
	para quitar el sueño
	al marido, al hermano, a la criada,
	sin que contra ella valga el almendrada
	y en estado despiertos,
	andan las cuchilladas y los muertos.
Lucía	¡Ay, Moscón, cuál quedé con aquel susto!
Moscón	Pues, a mí me dio gusto
	porque vieses mi brío y desenfado;
	que me tiene corrido en el tablado
	un perpetuo desmayo
	en viendo cuchilladas y lacayo.
	El temblar, esconderse y retirarse
	como si no supiera acuchillarse,
	habiendo lacayote tan macizo
	que puede pelear con un erizo
	con fuerzas tan sobradas
	que a sus amos darán cien cuchilladas.
Arminda	Dejemos eso agora.
	Al fin, ¿volvió don Lope?
Moscón	Sí, señora.

Y viene compungido de manera
que si se confesara, lo absolviera.
Habla descalzo, mira a lo cartujo
y suspira con pujo;
y entre todos sus males
se le han hinchado ya los lagrimales
y tiene con la pena y el enojo
como este puño grueso cada ojo
y el color tan quebrado
que parece de hombre ictericiado.

Arminda   Pues, nada le valdrá, que ¡vive el cielo!,
que tengo de brotar un Mongibelo
de llamas, en venganza de mi ofensa,
y que ha de ver, suspensa,
la misma admiración en mi cuidado
lo que ejecuta un corazón airado
y cuando más se entregue a sus placeres,
que no hay burlas sabrá, con las mujeres.

Moscón   Es mal hombre don Lope, que mecía
más de dos mil mozuelas cada día,
divertido en su casa.

(Asoma don Lope al patio antes de entrar.)

Lope (Aparte.)   (Quiero escuchar atento lo que pasa,
pues Moscón y Lucía
sin duda informan en la causa mía.)

Arminda   ¡Qué de tantas vivía enamorado!

Moscón   Don Lope un gorrión era encarnado
y amando a tantas manos sin respetos

94

de todas nos decía los secretos:
cuál pisaba hacia dentro, cuál afuera,
y cada pantorrilla qué tal era,
los bajos que traía,
hasta los ademanes nos decía.

Arminda   ¡Infame condición!

Lope (Aparte.)   (Moscón villano,
¿esto es templar a Arminda?)

Moscón   Tan liviano
en este punto de mujeres era
que traía escritos en la faltriquera
papeles de fineza y a la que hallaba
un memorial de aquellos presentaba.

Lope (Aparte.)   (¡Vive Dios, que me abraso!)

Arminda   ¿Y a todas las gozaba?

Moscón   Ese es el caso;
que aun las que no gozaba
que las había gozado blasonaba.

Arminda   Moscón, no digas tanto;
que al fin le quise bien.

Moscón   De eso me espanto
que te inclinase un hombre que tenía
tan poca cortesía.

Arminda   Améle de manera
que entendí que en no amándole muriera.

95

(Sale don Lope e híncase de rodillas.)

Lope
Esa voz pudo sola a mi esperanza
dar aliento, dar vida y confianza.

Moscón (Aparte.)
(¡Voto a Dios que me ha oído!
Y si él oyó mis voces, soy perdido.)

Arminda
¿Qué loco atrevimiento
te pudo dar aliento
a entrar, don Lope, aquí de esta manera?

Lope
Oyeme antes, Arminda, y luego muera
a tus manos, señora;
pues será dulce muerte a quien te adora.

Arminda
¿A mirarme te atreves
después de tan indignas, tan aleves
acciones como has hecho?

Lope
Arminda, escucha, y luego rompe el pecho
que creyó tanto engaño.
Permíteme el alivio, y venga el daño
después en hora buena;
que no es razón que muera de mi pena
pues harás de esa suerte
que se me doble el golpe de la muerte.

Arminda
¡Vete, infame, alevoso,
desleal caballero, mentiroso,
sin respetos, sin fe, sin cortesía!
Que, ¡vive el cielo!, si tu error porfía
en templar mis enojos,

poniéndote a mis ojos
con tanto atrevimiento,
que la vida te quite y el aliento.
Y con mis mismos brazos
haré tu corazón dos mil pedazos,
porque venzan mis iras
tanto golfo de engaño y de mentiras,
tan torpe ejecución, tan vil consejo,
y, pues, no quieres irte, yo te dejo.

(Vase.)

Lope   ¡Arminda, espera, señora!
¿Dónde te escondes, ingrata,
sin escuchar de mis voces
y mis desdichas la causa,
sin que mi llanto te ablande,
sin que te muevan mis ansias,
sin que mis penas te rindan,
ni el incendio que me abrasa,
el fuego que me consume,
el veneno que me acaba,
la ponzoña que me apura,
el pecho que te idolatra?
Si tu mismo hermano informa
contra ti, ¿de qué te espantas
que en mí creciese el furor,
que se encendiese la rabia.
que el corazón se turbase
y que lo sintiese el alma
siendo tan segura ley
que sienta más quien más ama?
¡Mal haya quien fácilmente
se persuade! ¡Mal haya

quien se fía en las venturas
sin prevenir las desgracias!
Yo me vi un tiempo en tus ojos
mariposa regalada
que galanteando su luz
no temía mi esperanza
ni el furor de la fortuna
ni sus volubles mudanzas;
y hoy rayos son para mí
esas luces que me abrasan,
ese fuego que me quema,
esa mentirosa llama
que en breves cenizas trueca
lo esparcido de mis alas.

Moscón   Templa tu pena, señor.

Lucía   En vano, señor, te cansas
                porque al retirarse Arminda,
                la puerta dejó cerrada.
                Más vale fiar del tiempo
                el remedio de tus ansias,
                el alivio de tus penas
                y tus congojas.

Moscón   Aguarda
                que se temple este furor.
                ¿No has visto, cuando en la taza
                ponen en la mesa el caldo
                que si de caliente abrasa,
                o con la boca se sopla
                o le menea la cuchara
                hasta que los que le esperan
                ya tan templado le hallan

que pueden sorber sin miedo?
Pues, reconoce la traza
y sigue mis instrucciones.
¿No te dije que mi ama
como una sierpe cruel,
como un basilisco airada,
como una tigre sangrienta,
como una leona albana,
aún a mí por cosa tuya
con capote me miraba?
Pues, el diablo te metió
en entrarte por su casa
—avéngome acá que llueve—
como si a ti te faltara
donde dormir esta siesta
y almorzar esta mañana,
hasta que pasara el día
y la cólera pasara.

Lope   ¡Vive Dios, Moscón infame,
Moscón vil! Si no mirara
tus cortas obligaciones
y tu crecida ignorancia,
que al escuchar las razones
con que contra mí informabas...

Moscón (Aparte.) (Él lo oyó; perdidos somos.
Aquí hay una gran desgracia
porque yo no he de sufrir
ni que me tome la barba,
ni que, estando aquí, Lucía,
me eche la mano a la cara,
so pena que llevará
seis o siete cuchilladas

si me arrimo a la Tizona
o arremango la Colada.)

Lope   Llevado de mi furor
        en aqueste cuarto entrara
        y te hiciera mil pedazos.

Moscón Eso, señor, te excusabas
        si miraras mi vestido,
        ropilla, calzones, capa,
        porque salí hecho pedazos
        cuando salí de tu casa.
        ¿Qué querías que dijese
        si como una suegra estaba?
        Defenderte era perderla;
        persuadirla era irritarla
        y así seguíla el humor
        hasta verla más templada.
        Hallé por razón de estado
        que en sintiéndola más blanda,
        allí era el apretar,
        el persuadir e informarla.

Lucía   Moscón habla como cuerdo
        porque lo yerra quien habla
        contra el gusto del enojo
        a una mujer agraviada.
        Deja que el dolor se cree,
        que se sosieguen las ansias
        y entonces Moscón y yo
        con blandura, astucia y maña,
        verás, cuál la persuadimos.
        Y vete agora; que Laura,
        la huéspeda que ha venido,

hecha un trasgo hermoso anda
de pieza en pieza, ocupando,
como es alhaja sobrada.

Lope   Voyme y en vuestro cuidado
se libran mis esperanzas.

(Vase.)

Moscón   Él lleva muy bien despacho;
que criados y criadas
somos veletas del tiempo
que seguimos sus mudanzas.

Lucía   Muy bien merecido tiene
cualquier rigor de mi ama
porque aprendan cortesía
los pícaros que la estragan.
Vete, Moscón, que yo quiero
ir a componer la casa.

Moscón   Y yo voy por lo de anoche
a dar en Atocha gracias;
que fue peligroso el lance
y la ocasión apretada,
y ninguno mejor puede,
si con propiedad se habla,
dar gracias que yo.

Lucía   ¿Por qué?

Moscón   Porque siempre digo chanzas
y así las doy liberal,
no prestadas sino dadas.

(Vanse y salen don Pedro y don Diego.)

Pedro
Las pretensiones están
de tan fácil condición
que de mi buena elección
los parabienes me dan.
Esta mañana en palacio
a los primeros que hablé
tan propicios los hallé
que no hay qué temer.

Diego
Espacio
piden los negocios todos
porque en Madrid el engaño
un día trueca en un año
con no imaginados modos.

Pedro
Antes no pienso esperar
el despacho porque creo
que es dilatarte el deseo
crecerte mucho el pesar.
Mañana se puede hacer
el casamiento.

Diego
¿No ves
que puedes hallar después
estorbos, y suceder
que el negocio se embarace
por no apresurar las bodas?

Pedro
Ninguna cosa de todas
esas no me satisface
porque, si firme en amar

a Laura estás, tu pasión
hará que la pretensión
mejor sepas negociar.
    Y estando bien informado
yo del caso, es cosa cierta
que la pretensión se acierta
y no se yerra el cuidado;
    que cuando hay seguridad
del oficio y en ti amor,
el suspender es rigor
y el abreviar es piedad.
    Mañana será tu esposa
Laura.

Diego (Aparte.)   (¡Notable apretar!)

Pedro   Don Diego, tanto callar
da a entender alguna cosa:
    que te tiene disgustado.
Pues el ardiente deseo
con que me rogaste veo
en tu semblante templado.
    ¿Qué sientes? ¿Qué tienes? Di,
¿qué rigurosa pasión
te ha trocado el corazón
que tan otro te veo aquí?
    ¿En qué tu gusto repara?
¿Qué pretende tu interés?
Pues, Laura la misma es
y el mismo yo, cosa es clara.
    Pues, ¿cómo allá en Zaragoza
tan ardiente, aquí tan frío;
que resuelto yo, tu brío
se asusta y no se alboroza?

Si dudas mi calidad,
si el caudal has reparado,
háblame determinado
que te diré la verdad.

    ¿Qué te suspendes? ¿Qué miras
al cielo triste? ¿No sabes
que suelen las penas graves
ser partos de las mentiras?

    Si han hecho alguna advertencia,
a mí me la comunica;
que el remedio no se aplica
sin conocer la dolencia.

    Y en el lance que hoy estás,
fuera cosa desairada
dejar a Laura burlada
y a mis canas mucho más.

Diego   Señor don Pedro, el respeto
con que os tengo de tratar
no me deja ahora lugar
a descubrir el secreto,

    hasta que, ya averiguado
el escrúpulo dudoso,
a vuestro decoro honroso
descubra cuánto he callado.

    Y si vuestra discreción
condenara mi recato,
tenedme por de ruin trato
y de baja condición;

    porque en puntos del honor,
en quien se intenta casar
es advertencia mirar
en el átomo menor.

    Pues, casándome, sería

reparo más indiscreto,
por no apurar un secreto,
usar una grosería.
   Perdonadme la advertencia
por ser en puntos de honor
y, pues espera mi amor,
espere vuestra prudencia;
   que muy presto he de aclarar
este engaño escrupuloso
pero entretanto es forzoso,
señor don Pedro, esperar.

Pedro (Aparte.)   (¡Qué esto mi paciencia escucha!
¡Y que esto sufre mi honor!
O fue engañoso su amor
o la causa ha de ser mucha
   y así, para averiguar
mi tormento, es bien que elija
por el honor de mi hija
templarme y disimular.
   Vuestros respetos alabo,
aunque duele al sentimiento.)

Diego   Presto se hará el casamiento
y quedaré vuestro esclavo.

Pedro   Quedaos con Dios, que yo voy
a sentir pena tan dura.

(Vase.)

Diego   Si resiste mi ventura
mis dichas, quien pierde soy;
   pero más amante quiero

verme poco afortunado
que hallarme después casado
con las sospechas que infiero.
   Y así tengo mi pesar
por ventura; que ha de ser,
para llegar a creer,
prudencia el saber dudar.
   Y aunque el pecho me lastima,
el rigor que me atormenta
por despique de mi afrenta
miro en Arminda, mi prima,
   la belleza y el recato
con que alhajado me siento;
pues faltando un casamiento
con ella el segundo trato.

(Sale Arminda.)

Arminda   Don Diego, ¿qué suspensión
te atormenta? ¿Qué te aflige
o qué nueva pena rige
tu animoso corazón?
   Tan confuso en el mirar,
tan lastimado al sentir,
tan dudoso en el reír
y tan fácil al llorar,
   tan suspenso al entender,
tan turbado en el color,
tan vivo para el dolor,
tan muerto para el placer,
   todos los indicios son
de algún ardiente cuidado
que vive disimulado
o muere en tu corazón.

Si ya de Laura que adoras
el casamiento a que aspiras
te espera, ¿por qué suspiras?
¿Por qué blandamente lloras?
      ¿De qué tanto te congojas,
y con penas infinitas
hablas como que te irritas,
miras como que te enojas?

Diego
      ¡Ay!, Arminda, mi cuidado
aún yo mismo no le entiendo,
pues a un tiempo estoy sintiendo
lo presente y lo pasado;
      pues cuando tus ojos vi
y cuando a Laura miré,
padecí en lo que dejé
y peno en lo que elegí.
      Y entre uno y otro dolor
en que duramente peno,
o tarde mi amor condeno
o tarde busco mi amor.
      Mira si para sentido
es este dolor que ves,
pues padezco en lo que es
y muero en lo que no ha sido.

Arminda
      Desecha pena tan vana,
pues puede, a mi parecer,
lo que no se logró ayer
lograrse quizá mañana.
      Y en materias de ventura
tengo por cosa asentada
que la que es menos buscada
es la que más se asegura.

Tú estás celoso y amante.
Templaráse tu rigor.
y quedarás con amor
y sin celos fino amante.

Diego

Que más fino quedaré
no dudo, pero sospecho
que no se asegura el pecho
donde ha perdido la fe.
    Y así es cosa más segura
cuando el daño es conocido,
por no engañar el sentido,
elegir otra hermosura.

Arminda

Parece que me enamoras.

Diego

Arminda, si a mi deseo
y a mi honor consulto, veo
que lo que padezco ignoras.
    Y no hubiera mucho sido,
viendo que fuiste tan mía,
que entre la ceniza fría
viva aquel fuego escondido.

Arminda

Desecha del pensamiento
tan antigua pretensión;
que es fuerza de la pasión
y no del conocimiento.
    Laura es bizarra y perfeta,
rica, noble, honesta, airosa,
tan discreta como hermosa
y hermosa como discreta.
    Vives de ella enamorado.
Vino por tu causa aquí

y no es bien trocar así
su cuidado en mi cuidado;
   que es condición importuna
de hombres a que te acomodas,
por enamorar a todas,
no tener fe con ninguna.

Diego
   Y, Arminda, si del honor
siento el riesgo conocido,
¿qué te admiras que ofendido
perdiese todo el amor?
   ¿Y que viendo tu belleza,
tu honor y tu discreción,
se temple aquella pasión
y comience esta fineza?
   Pues, mientras vivo dudoso
de su fe, si bien lo advierto,
que no es amor, es muy cierto
el amor escrupuloso;
   de donde bien claro infiero
en este particular
que amor, donde hay qué dudar,
nunca fue amor verdadero,
   pues si es amor bien nacido,
como evidente se ve,
parto noble de la fe,
no ha amado quien no ha creído.

Arminda
   Sosegarás el dolor
que ocasiona este accidente,
y conocerás, ardiente,
que es verdadero tu amor;
   que una vana fantasía
tuerce de modo el juzgar

que llama al amor pesar
y al afecto cortesía.
    Quédate con Dios, don Diego,
y estima a Laura que es bien.

Diego   Eso es ya con tu desdén
acumular fuego a fuego.
    Yo también me quiero ir
a un negocio que me llama.

Arminda (Aparte.)   (¡Oh, cómo enciende una llama
la lisonja del decir!)

(Vanse, y sale Laura, sola, al jardín.)

Laura   Breve culto palacio de las flores,
teatro a mi amores,
que brindáis una a una
con cariños flagrantes mi fortuna,
verde estación de Flora
en que el galán Narciso se enamora
y en aliento tan breve
convierte en ámbar cuanto al aire bebe,
donde la rosa mira
del vulgo de las flores la mentira,
que a su pompa rendidas blandamente
por Reina la coronas de su oriente
cuando la ven hermosa
y al marchitarse burlan de la rosa.
Sangriento muro fácil de claveles,
príncipes de la sangre siempre fieles,
que en verdes troncos esmaltáis mirosos
tantos jazmines que al nacer dichosos
entre cunas de nieve

a su inocencia tal rigor se atreve,
que con enojo y saña
su candidez en vuestra sangre baña
sin perdonar tan encendidas venas
las provincias nevadas de azucenas
que con grave decoro
al armiño más puro visten de oro
con tan preciosa gala y tanto aliño
que granos de oro esconde el blanco armiño.
Hermosas flores bellas
que a este breve jardín servía de estrellas,
cuando él, con artificio y con desvelo,
cada estrella imagina flor del cielo,
hoy seréis, blandas flores,
tálamo aparatoso a mis amores,
a mi fineza halago,
pues testigos de mi fineza os hago.
Y en lo limpio y luciente de las hojas
escribiré constante mis congojas,
para que en breve don Jacinto lea
mi amor, mi fe, en los vasos de Amaltea
y quede en su fragrancia acreditado
mi amoroso cuidado;
pues en cada hoja suya
hallará una evidencia que le arguya
y en cada flor, si empieza,
encontrará grabada una fineza
porque pueda mi amor constante entonces
acreditarse en pórfido y bronces.

(Sale don Lope, de noche.)

Lope (Aparte.)　　　　(De la llave que tenía
　　　　　　　　　　cauteloso me valí

para franquear la puerta
de este fecundo jardín.
¡Oh, si fuera tan dichoso
que encontrara a Arminda aquí,
aunque de este paraíso
fuera ardiente querubín!
¡Cuántas veces de sus labios
junto a aquella fuente oí
tan blandas finezas que
amante la merecí!
Cuántas en su mano hermosa
de azucenas y jazmín
logró mi labio cortés
todo el favor carmesí!
Pero hacia aquel lado miro...)

Laura   Parece que miro allí
               un hombre que se me acerca.

Lope   ...un bulto de serafín.

Laura   Sin duda que es don Jacinto.

Lope   Sin duda Arminda. ¡Ay de mí!
               Viene a consultar sus penas
               con algún bello alhelí.
               Señora, si os admirare
               que yo me atreva a venir
               a esta provincia de flores,
               a este fecundo país,
               mis ansias considerad,
               mis congojas advertid
               y no os hará novedad
               que no me deje morir.

En quien ama despreciado
la cautela y el ardid
no son rudas groserías
sino fineza sutil.
Si tu estimación burlé,
si tu decoro ofendí,
¿para qué quiero la vida
cuando no es gusto el vivir?

(Que responda ella con cariño, y después se vayan ambos apartando. Sale a lo alto del tablado don Diego a una ventana, con don Pedro.)

Diego   Ya viste que en su aposento
no está Laura. Vesla allí
hablando con quien adora.
Esto te quise decir,
cuando ayer para mis bodas
el término te pedí,
que pudo desengañarme
e informarte más a ti.

Pedro   Corrido, don Diego, estoy
de que mi honor pueda así
profanarle una mujer,
avergonzándome a mí.

Diego   Mira, ¿qué intentas agora,
pues del empeño salí
tan airoso de sus bodas
con mostrarte lo que vi?

Pedro   ¿Qué intento? Quitar la vida
a una hija tan civil
que profana los decoros

de la sangre que la di.
Vamos a vengar mi agravio.

(Vanse de la ventana, y entra por otra puerta del teatro don Jacinto.)

Jacinto

Venturosamente abrí,
por no ser sentido en casa,
esta puerta del jardín;
que es más fácil, por si acaso
me acertaren a sentir,
que mi miren como extraño
y por donde entré, salir.

Laura

Caballero, no os conozco,
ni las quejas entendí
con que se rinde a mi amor
vuestro denuedo gentil.
Yo tengo por cosa cierta
que no me buscáis a mí.

Lope (Aparte.)

(No es de Arminda aquesta voz.
¡Sin duda el lance perdí!)

Laura

Retiraos, caballero.
Mirad si podéis huír;
que viene allí a quien adoro
y, en una sangrienta lid,
o vos perderéis la vida
sin poderlo resistir.
o yo perderé por vos
honra, amor y vida aquí.

(Retírase.)

Lope (Aparte.)	(Por esta puerta que sale
	al cuarto de Arminda he de ir
	a buscar a mis congojas
	o a mis desdichas el fin.)

(Vase.)

Laura	Don Jacinto, dueño mío,
	¿cómo te has tardado? Di,
	que con tu ausencia y mi pena
	ya me empezaba a afligir.
	¿Qué tienes, querido dueño?
Jacinto	¡Infame mujer y vil,
	mentido monstruo de engaños
	con cara de serafín!
	Si cuando vengo a buscarte,
	si cuando acierto a venir,
	descubro a luz tan dudosa
	tu trato engañoso y ruin,
	Si para mayor tormento
	un hombre contigo vi,
	si le ocultas cautelosa
	entre este blanco jazmín
	o le disimulas fácil
	entre aqueste torongil,
	siendo testigos las flores
	de tu mentiroso ardid.
	de tus fingidas finezas,
	de tu término civil,
	infórmate de ti misma,
	¿Qué me preguntas a mí?
	Yo le tengo de buscar;
	mas, ¿qué ruido es éste?

(Dentro.)

Pedro   ¡Abrid,
                        infames, o vive el cielo!

Laura   ¿Aún esto? ¿Hay más que sentir?

(Entran don Pedro y don Diego con las espadas desnudas, y un hacha encen-
dida, y a este tiempo se oye dentro disparar una pistola.)

Jacinto   ¿Hay mayor desasosiego?
                        Pues en una pena sola
                        dentro sentí una pistola
                        y aquí a don Pedro y don Diego.

Diego   ¡Muere, infame, que mi honor
                        y el de don Pedro profanas!

Jacinto   ¿Hay penas más inhumanas,
                        riesgo y celos con amor?
(Aparte.)   (Pero revocado quiero
                        seguir el lance hasta ver
                        en qué para.)

Pedro   ¡Vil mujer,
                        y atrevido caballero!
(Acuchíllanse.)   En vano la defendéis
                        cuando acción tan indecente
                        en el peligro presente
                        persuade que os tapéis.

Laura   Espera, padre y señor.
                        Detén la espada, don Diego.

Diego	El pecho despide fuego.
Pedro	Llamas exhala mi honor.

(Sale Arminda, por otra puerta.)

Arminda (Aparte.)	(El alma traigo turbada. ¡Notable resolución! Mas no hay difícil acción a una mujer agraviada.) ¡Don Diego! ¿Qué es esto? ¡Primo! ¡Laura! ¡Don Pedro! ¡Señor!
Pedro	Esto es mirar por mi honor.
Diego	En vano el furor reprimo. ¡Muera, alevoso cruel, que intentas disimulado profanar este sagrado!
Laura	Arminda, vuelve por él, que es...
Arminda	Acaba de decillo.
Diego	¡Vive Dios, que ha de morir o que se ha de descubrir!
Pedro	Del brío me maravillo con que se defiende. ¿Hay tal? ¡Lo que puede en la ocasión un hidalgo corazón y el ser hombre principal!

117

Detén, don Diego, la espada;
que es compasión ofender
a hombre de tal proceder
en acción tan arriesgada.
    Y pues el sangriento efeto
a Laura le ha concedido,
yo se le doy por marido,
porque esté el caso secreto.
    Pues ya don Diego no puede
en ningún lance querer
que sea Laura su mujer
y a ti el cielo la concede.

Laura   Pues, don Jacinto, ¿qué esperas
                 en un caso tan incierto?

Jacinto   Pues que ya me has descubierto,
                 yo burlaré tus quimeras.

Diego (Aparte.)   (Todo el suceso me admira,
                 pero no acierto en mi daño.
                 ¿Si es más de aura el engaño
                 que de un primo la mentira?
                     El lance quiero esperar.)

Jacinto   Don Pedro, si de mi honor
                 os aconsejáis mejor,
                 con Laura no he de casar.

Diego   Pues para tomar venganza
                 con una cordura airosa,
                 Arminda ha de ser mi esposa
                 y el logro de mi esperanza.

Pedro	¡Vive Dios, si concertados estáis a burlarme así, que habéis hoy de ver en mí vuestros bríos castigados, porque aunque mis canas son una ofensa de mi brío, al pecho, con la edad frío, dará alientos la razón!
Laura	¿Hay mujer más desdichada?
Arminda	¿Hay mujer más venturosa?
Diego	Arminda, tú eres mi esposa.
Arminda	Cese el rigor de la espada en caso tan inhumano, pues yo muy de cierto sé que todo lo compondré hablando aparte a mi hermano.
Jacinto	Pues, ¿qué me quieres decir?
Laura (Aparte.)	(Toda el alma me volvió en lo que a Arminda escuchó; porque bien puedo inferir que el caballero que entró y a don Jacinto ha irritado era de Arminda cuidado si el pecho no me engañó.)
Arminda	Escucha atento, don Jacinto, escucha, aunque con el recato el honor lucha, el caso más extraño y exquisito

que en anales del tiempo se halla escrito,
pues son tantos mis males
que vence mi cuaderno sus anales.
Ya sabes que don Lope de Ribera
tu amigo íntimo era.
que a tu casa venía
para desdicha suya y pena mía;
que era galán discreto, ¿quién lo ignora?
Todo esto sabes, pues, escucha agora:
La ocasión, la frecuencia, el tiempo, el trato,
asaltar pretendieron mi recato,
siendo la batería
su amorosa porfía
de quien no está seguro
de inocencia inviolable el fuerte muro;
que al ruido de lisonjas de amor llenas
se desmoronan todas sus almenas.
Y a quien amante ruega,
la más casta no da, pero no niega.
Miróme fácil, escuché curiosa
su pasión amorosa.
Frecuentaba tu casa y, si me hallaba,
sus desvelos ardientes me contaba.
Cuando a verme volvía,
sus ardientes desvelos repetía
y poco a poco me inclinaba atento,
al amor no, sino al divertimiento.
Ya galán y discreto,
decoroso en su trato y mi respeto,
cuando conmigo estaba,
le escuchaba con gusto y le miraba.
Con que disimulado
pasó el divertimiento a ser agrado;
que si de una vez todo lo quisiera,

no dudo yo que todo lo perdiera,
que a despeños, de amor determinado,
ningún honor de un golpe se ha arrojado.
El agrado en amor se trocó luego
creciendo fuego a fuego
y la centella, que tan breve era,
a pocos lances, se miraba hoguera.
Con que por más que yo lo resistía
toda la selva de mi pecho ardía.
¿Viste el breve vapor que desde el suelo
el aire escala con ligero vuelo
y con otros que encuentra bien tejido,
formó en la nube pabellón lucido?
Que los rayos del Sol cándido bebe
y siendo rayos, a su luz se atreve;
que aquel breve calor que al aire sube
para blandamente formar la nube,
llega después con trazas tan extrañas
a hacer rayos de fuego en sus entrañas.
Pues más ardientes rayos ha labrado
el vapor de un cuidado
en el pecho inocente que se inflama,
trocándome la nieve en voraz llama.
Así amantes vivíamos, ¡ay triste!,
cuando a don Lope ingrato le dijiste
para desdicha mía
que yo fácil amaba a don García.
Quiso partirse luego
sin descubrirme su escondido fuego
y yo, que lo ignoraba,
viendo que tu violencia me culpaba
y que me amenazabas irritado,
a don Lope avisé de mi cuidado
y de mi atrevimiento,

pues palabra me dio de casamiento,
que a su patria me lleve.
A la Casa del Campo fui de nieve
donde él celoso, loco y desatento,
sin escucharme usó un atrevimiento
tan civil, tan grosero
que por decencia no acordarle quiero,
en que verás cuán ofendida me hallo,
pues diciéndote tanto, esto te callo.
Mientras él con su estilo me ofendía,
hallé en el mismo sitio a don García.
El peligro me advierte
en tu venida, y riesgo de mi muerte;
y yo, siempre tapada,
atendí lo brioso de tu espada,
pero con pena tanta
que sus filos temía en mi garganta.
Heriste a don García y yo, a tu cuenta,
en tus brazos salí de la tormenta;
que no hay tormenta alguna
que ofenda a quien ampara la fortuna.
Trujísteme a tu casa.
En ella escucha agora lo que pasa
para que en las borrascas más deshechas
halles desvanecidas tus sospechas.
Volvió don Lope, en vano arrepentido,
a sentir tarde lo que me ha ofendido;
que quien hace un error precipitado,
antes que lo cometa, lo ha llorado.
Quiso templarme de mi enojo grave,
en el jardín me busca y con la llave
que antes abrir solía,
entra con osadía.
A Laura encuentra, que te espera atenta

y aunque el suceso mío se lo cuenta,
perdón la pide con caricias muchas.
Ella le desengaña; tú le escuchas,
y él con atrevimiento
los pasos encamina a mi aposento
viendo que un hombre entraba
y que Arminda no era a quien hablaba.
El sagrado profana a mi retiro.
Yo que airada le miro,
confusa del suceso,
colérica le acuso del exceso.
Túrbase el corazón, el pecho arde.
Yo me resuelvo y él está cobarde
y creciendo las iras y el enojo,
una pistola cojo
que anoche te dejaste en mi aposento.
El agravio reciente me da aliento.
La mano animo y el furor provoco
y apenas en la llave el hierro toco
cuando fue disparada
saeta enarbolada
y el plomo ardiente luego
flecha de alquitrán es, neblí de fuego,
que por más que temiéndole se mete,
huyendo de la sala, en el retrete,
el corazón le hiere
y tan apresuradamente muere
que aún no permite su rigor violento
última voz al último tormento.
Yo entonces animosa
la llave echo al retrete presurosa.
Salgo presto a buscarte.
Voces y espadas oigo hacia esta parte.
Descúbrote de Laura la inocencia,

de mis ejecuciones la violencia,
de don Lope el agravio,
de mi honor la venganza. Mira sabio,
atento mira, pues mi mal se ignora,
lo que a tu honor y el mío importa agora.

Jacinto   Da, Arminda, la mano luego
de esposa, pues es cordura
disimular tu locura,
a nuestro primo don Diego;
    que yo sacaré de allí,
porque ninguno lo tope,
el ya difunto don Lope.

Arminda   Obediente estoy aquí.

Jacinto   Don Diego, Arminda es tu esposa,
y tú, Laura, eres ya mía.

Laura   Venció mi amante porfía
a mi suerte rigurosa.

Jacinto   Ya de tu amor satisfecho
la mano alegre te doy,
Laura.

Laura   Y yo prevengo hoy
para recibirte el pecho.

Diego   Y yo por lo que te estimo,
Arminda, el alma te entrego.

Arminda   Yo a ti el corazón, don Diego,
como a esposo y como a primo.

(Salen Moscón y Lucía.)

Moscón   A Lucía y a Moscón
                  en lance tan apretado
                  forzoso es que haya quedado
                  para casarse un rincón;
                     que basta para mi intento,
                  cercenado de razones,
                  un casamiento en rincones
                  o un rincón de casamiento.

Jacinto   Pues, dale la mano.

Moscón   Toma;
                  que este casamiento es llano
                  que ha de andar de mano en mano
                  hasta que te hagas carcoma.

Pedro   Ya se logró mi deseo.

Arminda   Ya siempre estaré contenta
                  pues ha parado mi afrenta
                  en tan venturoso empleo.

Lucía   Arminda hermosa, ¿qué quieres?

Arminda   Decir a todos querría
                  que en puntos de grosería
                  no hay burlas con las mujeres
                     y que, en tan nueva invención
                  de caso tan encubierto
                  halle aplausos el acierto
                  y el desacierto perdón.

                  Fin de la comedia

Libros a la carta

A la carta es un servicio especializado para
empresas,
librerías,
bibliotecas,
editoriales
y centros de enseñanza;
y permite confeccionar libros que, por su formato y concepción, sirven a los propósitos más específicos de estas instituciones.

Las empresas nos encargan ediciones personalizadas para marketing editorial o para regalos institucionales. Y los interesados solicitan, a título personal, ediciones antiguas, o no disponibles en el mercado; y las acompañan con notas y comentarios críticos.

Las ediciones tienen como apoyo un libro de estilo con todo tipo de referencias sobre los criterios de tratamiento tipográfico aplicados a nuestros libros que puede ser consultado en Linkgua-ediciones.com.

Linkgua edita por encargo diferentes versiones de una misma obra con distintos tratamientos ortotipográficos (actualizaciones de carácter divulgativo de un clásico, o versiones estrictamente fieles a la edición original de referencia).

Este servicio de ediciones a la carta le permitirá, si usted se dedica a la enseñanza, tener una forma de hacer pública su interpretación de un texto y, sobre una versión digitalizada «base», usted podrá introducir interpretaciones del texto fuente. Es un tópico que los profesores denuncien en clase los desmanes de una edición, o vayan comentando errores de interpretación de un texto y esta es una solución útil a esa necesidad del mundo académico.

Asimismo publicamos de manera sistemática, en un mismo catálogo, tesis doctorales y actas de congresos académicos, que son distribuidas a través de nuestra Web.

El servicio de «libros a la carta» funciona de dos formas.

1. Tenemos un fondo de libros digitalizados que usted puede personalizar en tiradas de al menos cinco ejemplares. Estas personalizaciones pueden ser de todo tipo: añadir notas de clase para uso de un grupo de estudiantes, introducir logos corporativos para uso con fines de marketing empresarial, etc. etc.

2. Buscamos libros descatalogados de otras editoriales y los reeditamos en tiradas cortas a petición de un cliente.

www.ingramcontent.com/pod-product-compliance
Lightning Source LLC
Chambersburg PA
CBHW021932040426
42448CB00008B/1030